LE VALET
DE DEUX MAÎTRES,
COMÉDIE
En trois Actes & en Profe,
TRADUITE DE L'ITALIEN
De M. GOLDONI.

A AMSTERDAM,
Et se trouve
A PARIS,
Chez DESSAIN, Junior, Libraire,
Quai des Augustins, à la Bonne-Foi.

───────────

M. DCC. LXIII.

PERSONNAGES.

PANTALON DE BISOGNOSI.
CLARICE, sa fille.
Le Docteur LOMBARD.
SILVIO, son fils, Amant de Clarice.
BÉATRICE, en habit d'homme, sous le nom de Frédéric Rasponi.
FLORINDE ARETHUSI, son Amant.
BRIGHELLE, Aubergiste, & Loueur d'Hôtel garni.
SMERALDINE, Femme de Chambre de Clarice.
TRUFFALDIN, Valet de Béatrice & de Florinde.
Un Valet de l'Hôtel garni, parlant.
Un Valet de Pantalon, parlant.
Deux Crocheteurs parlant.
Valets de l'Auberge qui ne parlent point.

La Scène est à Venise.

LE VALET
DE DEUX MAÎTRES;
COMÉDIE.

ACTE I.

SCENE PREMIERE.

Le Théatre représente une Chambre de la maison de Pantalon.

PANTALON, le DOCTEUR, CLARICE, SILVIO, BRIGHELLE, SMERALDINE, & un Valet de Pantalon.

SILVIO, *à Clarice, en lui présentant la main.*

OILA ma main, je vous donne pour jamais mon cœur avec elle.

PANTALON *à Clarice.*

Allons, ne rougissez point, donnez-
A ij

lui aussi la vôtre, car vous allez être bientôt mariés.

CLARICE.

Oui, mon cher Silvio, voilà ma main ; je n'aurai jamais d'autre Epoux que vous.

(*Ils se donnent tendrement la main.*)

SILVIO.

Et moi je jure de n'avoir jamais d'autre épouse que ma chere Clarice.

LE DOCTEUR.

A merveille, voilà les sermens faits, il n'y a plus moyen de reculer.

SMÉRALDINE, (*à part.*)

Oh ! la jolie chose, de s'aimer & de se marier tout de suite comme cela ! En verité l'eau me vient à la bouche.

PANTALON, *à Brighelle & à son Valet.*

Vous êtes témoins tous deux de cette promesse mutuelle faite entre ma Fille, & Silvio, fils de M. le Docteur Lombard,

BRIGHELLE.

Vous me faites bien de l'honneur, Monsieur Pantalon.

PANTALON, à *Brighelle.*

J'ai servi de témoin à votre mariage, & vous servirez de témoin à celui de ma fille. Je n'ai point voulu prendre d'autres témoins, ni inviter des parens, des amis ; parce que M. le Docteur & moi, nous aimons à faire les choses sans bruit & sans cérémonie ; nous ferons un repas entre nous seulement, & nous nous divertirons à notre aise. (*à Clarice & à Silvio.*) Qu'en dites-vous, mes enfans, n'ai-je pas raison ?

SILVIO.

Pour moi je ne desire rien que d'être toujours avec ma chere Clarice.

SMÉRALDINE, *à part.*

Il a raison, c'est-là ma foi la meilleure chere qu'il puisse faire.

LE DOCTEUR.

Mon fils n'est pas, comme le voyez,

fort curieux de fêtes: il n'aime que votre Fille; le reste le touche peu.

PANTALON.

En verité, ce mariage étoit écrit là-haut; car vous sçavez que sans la mort de Frédéric Rasponi, mon Correspondant à Turin, à qui j'avois promis ma fille, il ne me seroit pas possible de la donner à votre fils.

SILVIO.

Il est vrai que mon bonheur est extrême; mais ma chere Clarice le partage-t-elle? le sent-elle comme moi?

CLARICE.

Cher Silvio, vous me rendez bien peu de justice; pouvez-vous ignorer combien je vous aime! J'aurois épousé Frédéric pour obéir à mon pere; mais il n'auroit eu que ma main, mon cœur eût toujours été à Silvio.

LE DOCTEUR.

Comme la Providence conduit les choses & les fait réussir par des évenemens imprévus ! (à *Pantalon*.) Par quel accident Frédéric Rasponi est-il mort ?

PANTALON.

Il est mort, à ce que l'on dit, d'un coup d'épée qu'il a reçu par rapport à sa sœur.

BRIGHELLE.

Où cela est-il arrivé ? à Turin ?

PANTALON.

A Turin.

BRIGHELLE.

Le pauvre jeune homme, j'en suis bien fâché.

PANTALON.

Connoissiez-vous Frédéric Rasponi ?

BRIGHELLE.

Eh ! mon Dieu, si je le connois ! J'ai été trois ans à Turin, où j'ai connu aussi Mademoiselle Béatrice sa sœur, qui étoit pleine d'esprit & courageuse comme un dragon ; elle s'habilloit souvent en homme, & montoit à cheval ; son frere l'adoroit : quel fâcheux accident !

8 Le Valet de deux Maîtres,
PANTALON.

Un malheur est bientôt arrivé; mais ne parlons plus de choses tristes. Sçavez-vous ce que j'ai à vous dire, mon cher Monsieur Brighelle? vous êtes bon Cuisinier, il faut que vous nous donniez quelque plat de votre façon.

BRIGHELLE.

Quand vous voudrez, Monsieur, vous n'avez qu'à commander ; ce n'est pas pour me vanter, mais tous ceux que j'ai l'honneur de servir sont contents; ils disent que l'on ne fait bonne chere que chez Brighelle : je veux vous servir quelque chose de bon, laissez-moi faire.

PANTALON.

Fort bien, mais sur-tout beaucoup de sauce, afin de pouvoir tremper du pain dedans. *On entend fraper.*

J'entends frapper quelqu'un ; va voir qui c'est, Sméraldine.

SMÉRALDINE.

J'y vais. *(Elle sort.)*

CLARICE.

Mon Pere, avec votre permiſſion.
(*Elle fait ſigne qu'elle veut s'en aller.*)

PANTALON.

Attendez, nous nous en irons enſemble ; voyons qui eſt ce qui nous vient.
(*Sméraldine revient.*)

SMÉRALDINE.

Monſieur, c'eſt le Valet d'un Etranger qui demande à vous parler ; il ne m'a point voulu dire ce que c'étoit, il veut abſolument vous parler à vous-même.

PANTALON.

Fais-le venir ici, afin que nous ſçachions ce qu'il veut.

SMÉRALDINE.

Allons, je vais le faire entrer.
(*Elle ſort.*)

CLARICE.

Si vous vouliez, mon Pere, je m'en irois.

PANTALON.

Où donc, s'il vous plaît ?

CLARICE.

Mais... dans ma chambre.

PANTALON.

Non, Mademoiselle, non. (*bas au Docteur.*) Il ne faut pas encore laisser ces jeunes gens-là seuls.

LE DOCTEUR.

C'est agir fort prudemment.

SCENE II.

TRUFFALDIN, SMÉRALDINE, PANTALON, le DOCTEUR, CLARICE, SILVIO, BRIGHELLE, & un Valet de Pantalon.

TRUFFALDIN.

JE fais ma très-humble révérence à toute l'aimable compagnie.

PANTALON.

Qui êtes-vous, mon ami ? Que demandez-vous ?

COMÉDIE. II.

TRUFFALDIN à *Pantalon*
(*en lui montrant Clarice.*)

Qui est cette belle Demoiselle, je vous prie ?

PANTALON.

C'est ma Fille.

SMÉRALDINE.

Et de plus qui sera bientôt femme.

TRUFFALDIN.

J'en suis charmé ; & vous, qui êtes-vous ?

SMÉRALDINE.

Je suis la Femme de chambre.

TRUFFALDIN.

La Femme de chambre ! Je m'en congratule.

PANTALON.

Oh ! allons, finissons toutes ces cérémonies, s'il vous plaît ; que voulez-vous de moi ? Qui êtes-vous ? Qui vous envoie ?

TRUFFALDIN.

Doucement, doucement, s'il vous plaît; trois questions tout d'un coup ; c'en est trop pour un pauvre homme comme moi.

PANTALON.
(Bas au Docteur.)

Je crois que ce Valet est un peu imbécille ?

LE DOCTEUR.
(Bas à Pantalon.)

Non, je le crois plutôt un plaisant.

TRUFFALDIN, *à Sméraldine.*

Vous êtes la nouvelle mariée ?

SMÉRALINE *(en soupirant.)*

Hélas ! non, Monsieur.

PANTALON, *à Truffaldin.*

Voulez-vous bien me dire qui vous êtes, ou vous en aller ?

TRUFFALDIN.

Oh ! puisque vous ne voulez pas sçavoir autre chose que ce que je suis, en deux mots je vais vous le dire ; je suis le Valet de mon Maître. (*à Sméraldine.*) Et si bien donc que pour en revenir à notre discours.....

COMEDIE.
PANTALON.

Mais qui eſt votre Maître ?

TRUFFALDIN.

C'eſt un Etranger qui voudroit avoir l'honneur de vous faire une viſite. (*à Sméraldine.*) Au ſujet des mariés, nous dirons donc.....

PANTALON.

Cet Etranger, qui eſt-il ? Comment s'appelle-t-il ?

TRUFFALDIN.

Oh ! En voilà bien long ! C'eſt Monſieur Frederic Raſponi de Turin qui eſt mon Maître, qui vous ſalue, qui eſt venu en poſte, qui m'envoie ici, qui voudroit vous parler, & qui m'attend pour ſçavoir votre réponſe. Etes-vous content ? Voulez-vous encore quelque choſe de plus ? (*à Sméraldine.*) Revenons à nos moutons.......

PANTALON.

Viens ici me parler un peu ; que diable dis-tu ?

TRUFFALDIN.

Est-ce que vous voulez sçavoir aussi mon nom, mes titres, mon pays ? Je m'appelle Truffaldin Battochio, de la Vallée de Bergame.

PANTALON.

Je ne veux point sçavoir qui tu es. Je voudrois que tu me dises encore le nom de ton Maître.

TRUFFALDIN, *à part.*

Le vieil bon-homme a l'oreille bien dure ! (*Il lui crie de toutes ses forces*,) Mon Maître est Monsieur Frederic Rasponi de Turin.

PANTALON.

Eh ! vas te promener, tu es un fou. Monsieur Frederic Rasponi de Turin est mort.

TRUFFALDIN.

Il est mort !

PANTALON.

Que trop pour son malheur.

TRUFFALDIN, *à part.*

Comment diable, mon Maître est mort! Je l'ai pourtant laissé en bonne santé là-bas. (*à Pantalon.*) Est-il vrai sincerement qu'il soit mort?

PANTALON.

Je vous dis qu'il est mort.

LE DOCTEUR.

Oui, c'est la vérité; il est mort, on n'en sauroit douter.

TRUFFALDIN, *à part.*

Ah! mon pauvre Maître! il lui sera arrivé quelqu'accident : (*il fait signe qu'il veut sortir,*) avec votre permission?

PANTALON.

Vous ne voulez rien autre chose de moi?

TRUFFALDIN.

Non, puisqu'il est mort; je n'ai plus rien à vous dire; (*à part.*) je m'en vais voir si cela est vrai.

[*Il sort.*]

PANTALON.

Cet homme-ci m'a l'air d'être un fou, ou bien un fripon.

LE DOCTEUR.

Je ne sçais trop que vous en dire ; il tient un peu de l'un & de l'autre.

BRIGHELLE.

Je crois, Messieurs, que c'est plutôt un imbécille ; il est Bergamasque, & les Bergamasques sont honnêtes gens.

SMÉRALDINE, à part.

Il a raison. Ce petit More-là ne me déplaît pas ; je suis aussi portée pour lui, moi.

PANTALON.

Mais que diable s'est-il allé imaginer-là de Monsieur Fréderic ?

CLARICE.

S'il étoit vrai qu'il fût encore vivant, je serois bien à plaindre.

PANTALON.

Quelle simplicité ! N'avez-vous pas vu vous mêm e les Lettres. . . . . .

SILVIO.

Quand même il seroit encore au monde, il viendroit trop tard.

[*Truffaldin revient.*]

TRUFFALDIN.

Je suis bien surpris, Messieurs, que vous vous moquiez ainsi d'un pauvre diable qui ne vous a rien fait ; on ne doit pas s'amuser comme cela aux dépens des gens, entendez-vous, & je m'en ferai rendre raison.

PANTALON.

Mais voyez un peu cet imbécille-là ! Qu'est-ce qu'il y a de nouveau ? Que t'avons-nous fait ?

TRUFFALDIN.

Me dire que mon Maître est mort ! Monsieur Frederic Rasponi !.

PANTALON.

Cela n'est-il pas vrai ?

TRUFFALDIN.

Cela est vrai !.. Il est en meilleure santé que vous & moi, frais, vif, brillant, qui demande à vous voir, si vous le voulez bien.

PANTALON.

Monsieur Frederic?

TRUFFALDIN.

Monsieur Frederic.

PANTALON.

Rasponi?

TRUFFALDIN.

Rasponi.

PANTALON.

De Turin?

TRUFFALDIN.

De Turin.

PANTALON.

Va, mon enfant, tu mériterois que l'on te mît aux Petites-Maisons.

TRUFFALDIN.

Comment, ventrebleu! vous me feriez jurer comme un Joueur qui perd son argent; je vous dis qu'il est à Venise, dans votre maison, dans votre salle, que le diable vous torde le cou.

PANTALON.

Je ne sçais à quoi il tient que je ne lui appuie mon poing sur la figure.

LE DOCTEUR.

Laissez, laissez, Monsieur Pantalon; dites-lui seulement qu'il fasse venir devant vous celui qu'il dit être Monsieur Frederic!

PANTALON.

Eh bien! allons, fais venir ici ce mort ressuscité.

TRUFFALDIN.

Qu'il soit mort, & qu'il soit ressuscité, cela peut être, je ne dis pas le contraire. Mais à présent il est en vie, & vous l'allez voir de vos propres yeux; je m'en vais lui dire qu'il peut entrer. (*avec fierté.*) Mais dorénavant apprenez à être plus poli avec les Etrangers, à traiter un peu mieux les gens de ma sorte, & surtout un honnête Bergamasque comme moi. (*à Sméraldine.*), Jusqu'au revoir, ma Reine, nous nous parlerons une autre fois.

[*Il fort.*]

CLARICE.

Je tremble, mon cher Silvio.

SILVIO.

Ne craignez rien, ma chere Clarice ; quelque chose qui arrive, vous ne serez jamais à d'autre qu'à moi.

LE DOCTEUR.

Nous allons sçavoir la vérité.

PANTALON.

Je crains que ce ne soit quelque fripon qui veuille me faire accroire qu'il est nuit en plein jour ; je n'ai jamais vu Monsieur Frederic, mon Correspondant, & . . . . .

BRIGHELLE.

Ne craignez rien, Monsieur ; j'ai connu, comme je vous l'ai déja dit, Monsieur Frederic Rasponi ; je verrai bien si l'on vous en impose.

COMEDIE. 21

SMÉRALDINE, *à part.*

Ce petit More n'a pas la physionomie d'un menteur; il me plaît, on ne peut davantage, & je veux voir.... (*à Pantalon, lui faisant signe qu'elle voudroit sortir.*) Avec votre permission, Monsieur?

SCENE III.

BEATRICE *en habit d'homme, sous le nom de* Frederic Rasponi, PANTALON *& les précédens.*

BEATRICE.

JE suis bien étonné, Monsieur Pantalon, qu'après les politesses que vous me témoignez dans toutes vos Lettres, vous me traitiez aussi mal que vous le faites aujourd'hui : je vous fais prier depuis une heure par mon Valet de me recevoir, vous me faites attendre sans aucune considération, & vous ne vous déterminez qu'avec peine enfin à me parler.

PANTALON.

Monsieur..... Assurément....... Je suis bien mortifié...... Mais puis-je sçavoir qui vous êtes ?

BEATRICE.

Frederic Rasponi de Turin, pour vous obéir.

[*Tous donnent des marques d'étonnement & d'admiration.*]

BRIGHELLE, *à part.*

Que vois-je ? Que veut dire cela ? Ce n'est point Monsieur Frederic ; c'est sa sœur. Je veux voir où peut tendre cette tromperie.

PANTALON, *à part.*

Je suis confondu..... Monsieur...., (*à Beatrice.*) Je suis charmé de vous voir en aussi bonne santé, après les nouvelles que nous avons eues. (*bas au Docteur,*) je ne saurois croire encore que ce soit lui.

BEATRICE.

Il est vrai que l'on m'a cru mort du

coup d'épée que j'avois reçu ; mais grace au Ciel, je ne fus que blessé, & à peine ai-je été gueri, que, suivant notre arrangement, je suis parti pour Venise, où je ne fais que d'arriver.

PANTALON, *à part.*

Je ne sçais plus que croire : ce jeune homme n'a point l'air d'un imposteur. (*à Beatrice.*) Mais j'ai des preuves presque certaines que Monsieur Frederic est mort ; vous vous dites cependant être lui ; si vous vouliez bien m'en donner des preuves, je le croirai.

BEATRICE.

Votre doute ne m'offense point ; il me paroît même juste. Je vais me faire connoître ; voici quatre Lettres de vos Correspondans, une desquelles est du Ministre de notre Banque ; vous en reconnoîtrez les signatures, & vous vous assurerez par-là de ce que je suis.

[*Il donne quatre Lettres à Pantalon qui les lit tout bas.*]

CLARICE.

Ah! Silvio, nous sommes perdus!

SILVIO.

Je perdrai plutôt la vie que de vous perdre.

BEATRICE, *à part en voyant Brighelle.*

Oh! Ciel! Que vois-je, Brighelle est ici! Comment est-il possible ? Il me reconnoît sûrement; je serois perdue s'il me découvroit. (*s'approchant de Brighelle & d'un ton décidé*) Mon ami, je crois vous connoître.

BRIGHELLE.

Monsieur, oui, j'ai l'honneur d'être connu de vous; ne vous ressouvenez-vous plus de Brighelle Cavichio à Turin?

BEATRICE, *elle s'approche davantage.*

Ah! ah! oui, cela est vrai, je m'en souviens, je vous reconnois très-bien; que faites-vous à Venise? (*bas.*) Ah! mon cher Brighelle, ne me découvrez point.

BRIGHELLE.

COMÉDIE.

BRIGHELLE.

(*bas à Beatrice.*)

Ne craignez rien. (*haut.*) Je loue en Hôtel garni, Monsieur, & tiens Auberge pour vous servir.

BÉATRICE.

Tant mieux ; puisque j'ai le plaisir de vous connoître, j'irai loger chez vous.

BRIGHELLE.

Vous me faites, Monsieur, bien de l'honneur. (*à part*) Que Diable est-ce que cela veut dire ? Il y a là-dessous de la contrebande assurément.

PANTALON, *à Béatrice.*

Monsieur, j'ai lu toutes ces Lettres ; un autre que Monsieur Frederic Rasponi ne doit point les avoir, & puisque vous me les présentez, il faut croire que vous êtes..... ce que ces Lettres disent.

BÉATRICE.

S'il vous restoit encore quelque doute sur moi, voici Monsieur Brighelle qui me connoît & qui peut vous assurer de

B

ce que je suis. (*bas à Brighelle.*) Dix louis pour toi,

BRIGHELLE.

Cela est vrai, Monsieur Pantalon, je vous en réponds, c'est-là Monsieur Frederic Rasponi. (*à part*) On ne sçauroit faire moins que cela pour gagner dix louis,

PANTALON.

Puisque cela est ainsi, & qu'outre ces Lettres, Brighelle vous reconnoît, je n'ai plus rien à dire. Monsieur Frederic, je suis charmé de vous voir bien portant, & vous demande pardon de mes doutes.

CLARICE.

Mon pere ; c'est donc là M. Frederic Rasponi ?

PANTALON.

Oui, à présent c'est lui.

CLARICE.

Ah! Malheureuse que je suis! Qu'allons-nous devenir ?

SILVIO, *bas.*

Ne craignez rien, ma chere Clarice, vous êtes tout mon bien, je sçaurai vous conserver.

PANTALON, *bas au Docteur.*

Que dites-vous, Docteur, de cet événement ?

LE DOCTEUR.

Accidit in puncto, quod non contingit in anno.

BÉATRICE à *Pantalon, en lui montrant Clarice.*

Monsieur, quelle est cette Demoiselle ?

PANTALON.

C'est Clarice, ma fille.

BÉATRICE.

Comment, celle que vous m'avez destinée pour épouse ?

PANTALON.

Oui, Monsieur, elle-même. (*à part*) Me voilà à présent dans un bel embarras !

BÉATRICE à *Clarice, en s'approchant d'elle.*

Mademoiselle, vous voulez bien me permettre d'avoir l'honneur de vous saluer ?

CLARICE, *d'un air froid.*

Monsieur, je suis votre Servante.

BÉATRICE, *à Pantalon.*

On m'accueille bien froidement.

PANTALON.

Il faut l'excuser, c'est qu'elle est un peu timide.

BÉATRICE, *à Pantalon, en lui montrant Silvio.*

Monsieur est-il de vos parens ?

PANTALON.

Oui..... c'est mon neveu.

SILVIO.

Non, Monsieur, je ne suis point son neveu ; je suis celui qui doit être l'époux de Clarice.

LE DOCTEUR, *à son fils.*

Fort bien, ne perds point la tête.

dis-lui tes raisons sans rien précipiter.

BÉATRICE.

Comment, l'époux de Clarice ! Mais n'est-ce pas moi qui doit l'être ?

PANTALON.

Je vais vous mettre au fait, mon cher Monsieur Frederic : sur la nouvelle de votre mort, je m'étois arrangé pour établir ma fille, & j'allois la marier à Monsieur Silvio que vous voyez ici, lorsque vous êtes arrivé ; mais il n'y a pas si grand mal à cela ; vous êtes encore venu à tems: je vous avois promis Clarice, je suis tout prêt à remplir ma promesse. (*à Silvio.*) Vous voyez, Silvio, que je ne puis faire autrement ; je ne vous en ai point imposé, vous vous souvenez bien de ce que je vous ai dit, & vous n'avez point à vous plaindre de moi.

SILVIO.

Mais, Monsieur n'épousera point Mademoiselle qui m'aime, & qui vient de me promettre tout à l'heure de n'être jamais qu'à moi.

BÉATRICE.

Oh! Je ne suis pas si délicat; je n'y regarde pas de si près. Ce n'est-là qu'une bagatelle, qui ne m'empêchera point de l'épouser. (*à part*) Il faut que je me divertisse un peu.

LE DOCTEUR, *à part*.

Voilà un mari qui n'est pas difficile; cela me fait plaisir.

BÉATRICE.

J'espere que la belle Clarice ne refusera pas ma main.

SILVIO.

Monsieur, finissons tout cela, s'il vous plaît; vous arrivez trop tard. Clarice est ma conquête, n'espérez pas que je vous la cede; si Monsieur Pantalon manque à sa parole, je sçaurai m'en venger; & qui voudra avoir Clarice, ne l'aura qu'avec ma vie.

(*Il sort.*)

LE DOCTEUR, *à part.*

Fort bien, comment Diable !

BEATRICE, *à part.*

Non, non, je ne suis pas venue à Venise pour mourir de cette façon.

LE DOCTEUR.

Mon cher Monsieur, vous êtes venu un peu trop tard en effet ; Clarice doit épouser mon fils. La Loi s'explique clairement en pareil cas : *Prior in tempore, potior in jure.*

[*Il sort.*]

BÉATRICE, *à Clarice.*

Mais vous ne dites rien, ma chere future ?

CLARICE.

Je dis que vous êtes venu ici pour faire mon malheur.

[*Elle sort.*]

SCENE IV.

PANTALON, BEATRICE, & BRIGHELLE, *ensuite* le Valet de Pantalon.

PANTALON, *en voulant courir après sa fille.*

Comment, imprudente, qu'est-ce que tu dis?

BEATRICE.

Arrêtez, Monsieur, calmez-vous; il ne faut point vous mettre en colere: j'espere avec le tems me la rendre favorable. En attendant, si vous voulez, nous irons examiner nos comptes ensemble; les affaires que j'ai avec vous sont, comme vous le sçavez, un des motifs qui m'amenent à Venise.

PANTALON.

Toutes nos affaires sont en ordre; je

vais vous faire voir mon compte courant ; j'ai votre argent tout prêt ; ainsi nous finirons quand vous voudrez.

BÉATRICE.

Je viens de me ressouvenir que j'avois à aller quelque part ; nous prendrons, si vous le voulez bien, quelqu'autre moment. Pour à préfent, je prierai Brighelle de m'aider à remplir quelques commissions pour Venise ; il connoît la Ville, & voudra bien me rendre le service de m'accompagner.

PANTALON.

Vous êtes le maître de faire ce qu'il vous plaira ; si vous avez besoin de quelque chose qui dépende de moi, vous pouvez ordonner.

BÉATRICE.

Ah ! Faites-moi, je vous prie, le plaisir de me donner quelqu'argent ; je n'ai point voulu en apporter avec moi, de peur de perdre sur le change.

PANTALON.

Je vous en donnerois volontiers, mais mon Caissier n'est point ici ; aussi-tôt qu'il sera venu, je vous en enverrai chez vous ; n'allez-vous pas loger chez Brighelle ?

BÉATRICE.

Assurément, je n'irai point loger ailleurs. Mais je vous enverrai mon Valet à qui l'on peut se fier en toute sureté.

PANTALON.

Cela suffit, on lui remettra votre argent. Si vous voulez accepter un mauvais dîner & faire pénitence avec moi, vous êtes le maître.

BÉATRICE.

Je vous remercie pour aujourd'hui, cela sera pour une autre fois, si vous le voulez bien.

PANTALON.

Allons, comme vous voudrez.

[*Le Valet de Pantalon vient.*]

LE VALET, *à Pantalon.*

Monsieur, on vous demande.

PANTALON.

Qui est-ce ?

LE VALET.

Quelqu'un.... Je ne sçais. (*bas à Pantalon.*) Il y a ici quelque chose en l'air.

PANTALON.

Allons, je vais voir ce que c'est. Permettez, Monsieur, Frederic que je voye de quoi il s'agit ; excusez-moi, je vous prie, si je ne vous tiens pas compagnie plus long-tems. Brighelle, en mon absence faites les honneurs de ma maison.

BÉATRICE.

Ne prenez point garde à moi, Monsieur Pantalon.

PANTALON.

A l'honneur de vous revoir. (*à part.*) Je crains bien que ce Monsieur Frederic ne mette ici tout sans dessus dessous.

[*Il sort.*]

SCENE V.

BÉATRICE & BRIGHELLE.

BRIGHELLE.

Peut-on sçavoir, Mademoiselle Béatrice ?.....

BÉATRICE.

Ah ! mon cher Brighelle, ne prononcez jamais ce nom, vous me perdriez. Il n'est que trop vrai, que mon malheureux frere est mort de la main de Florinde Arethusi, ou de celle de quelqu'autre par rapport à lui. Vous vous souvenez bien que Florinde m'aimoit, & que mon frere ne vouloit pas que je répondisse à son amour. Ils se querellerent, à ce que l'on dit, & se battirent ; mon frere fut tué ; & Florinde craignant les poursuites de la Justice, se sauva sans pouvoir me dire adieu. Le Ciel sçait combien la mort de mon frere m'a touchée & combien elle m'a coûté de larmes ; mais il n'eſt point de remede à ſa perte ; & je tremble à préſent pour Florinde. Je ſçais qu'il a pris le parti de paſſer à Veniſe, où j'ai réſolu de le ſuivre. Je me ſuis ſaiſie des habits & de toutes les Lettres de mon frere ; avec cela, j'eſpere bientôt retrouver mon Amant. Pantalon ſur ces Lettres & ſur votre parole me croit déja Frederic. Nous finirons les comptes qu'il a vis-à-vis de mon frere ; je recevrai tout l'argent qui lui eſt dû, & je pourrai ſecourir Florinde en cas qu'il en ait beſoin. Vous voyez, mon cher Brighelle, ce que l'amour fait faire, ſecondez-moi avec zèle, & je ſçaurai vous récompenſer.

BRIGHELLE.
C'eſt fort bien, mais je ne voudrois pas pourtant être la cauſe, que Pantalon fût la dupe de ſa bonne foi, &

qu'après avoir donné l'argent on se moquât de lui.

BÉATRICE.

Comment, se moquer de lui! mon frere étant mort, ne suis-je pas son héritiere ?

BRIGHELLE.

Cela est vrai ; mais pourquoi, en ce cas, ne pas vous découvrir ?

BÉATRICE.

Si je me découvre, je ne ferai rien. Pantalon commencera par me donner un tuteur ; ce tuteur & lui me feront enrager, ils me diront qu'il ne faut pas que j'épouse Florinde, que ce mariage ne me convient pas ; que sçais-je enfin, mille choses de cette espece : je veux avoir ma liberté ; elle durera peu, mais patience, ce sera toujours quelque chose.

BRIGHELLE.

En vérité, Mademoiselle, vous avez toujours été d'un esprit bien extraordinaire ; mais comptez sur moi, je vous suis entierement dévoué.

BÉATRICE.

Allons chez vous.

BRIGHELLE.

Et votre valet, où est-il ?

BÉATRICE.

Il m'attend dans la rue.

BRIGHELLE.

Où avez-vous trouvé, s'il vous plaît, ce lourdaud-là, il ne sçait pas seulement parler ?

BÉATRICE.

Je l'ai pris dans mon voyage ; il paroît sot, mais il ne l'est pas ; & par la fidélité, il est à toute épreuve.

BRIGHELLE.

Ah ! la fidélité est une belle chose ! Allons, il faut le garder en ce cas. Voyez un peu ce que l'amour fait faire.

BÉATRICE.

Ce n'est encore là rien ; l'Amour fait faire bien d'autres folies. [*Elle sort.*]

BRIGHELLE.

Mais vous avez bien commencé ; si cela continue, je ne sçais pas ce qu'il en arrivera. [*il la suit*]

SCENE VI.

Le Théatre représente une rue, où l'on voit l'Hôtel garni de BRIGHELLE.

TRUFFALDIN, *seul*.

JE suis si las d'attendre, que je n'en puis plus ; avec ce maître-ci, on mange peu, & ce peu, il faut encore soupirer après ; il y a une demi-heure que midi est sonné à l'horloge de la Ville, & il y a au moins deux heures que mes pauvres boyaux sonnent midi, encore si je sçavois où nous devons loger ! Les autres Maîtres, quand ils arrivent dans une Ville, la premiere chose qu'ils font, c'est de descendre dans quelqu'Auberge : lui, point du tout ; il laisse ses coffres dans la barque du Meſſager, & va faire des viſites, ſans ſonger ſeulement à ſon pauvre valet. Quand on dit qu'il faut que les valets ſervent leurs Maîtres avec zèle, il faut dire auſſi aux Maîtres d'avoir un peu de charité pour leurs valets. Ah! ah! j'apperçois, je crois, une Auberge? J'aurois grande envie d'aller voir s'il n'y auroit pas de quoi s'égayer les dents.... Ouais! & ſi mon Maître me cherche, qu'eſt-ce qu'il dira? Ma foi, il dira ce qu'il voudra, qu'il attende un peu auſſi à ſon tour; allons, allons,.... oui: mais il y a une petite difficulté qui m'arrête, je l'avois oubliée! c'eſt que je n'ai pas une obole; ah! pauvre, pauvre Truffaldin! plutôt que d'être valet comme tu l'es, il vaudroit mieux faire... quoi? car grace au Ciel, je ne ſçais rien.

SCENE VII.

FLORINDE *en habit de voyage, avec un Crocheteur qui porte un coffre sur l'épaule,* & TRUFFALDIN.

LE CROCHETEUR.

MA foi, je n'en puis plus ; cela pese comme tous les diables, je suis éreinté.

FLORINDE.

Voilà une enseigne d'Auberge, ou d'Hôtel garni, ne peux-tu pas faire encore quatre pas ?

LE CROCHETEUR.

A l'aide, au secours, mon coffre tombe par terre.

FLORINDE.

Ne te l'ai-je pas bien dit que tu n'irois pas jusqu'à l'Auberge, tu n'es pas assez fort.

[*Il aide le Crocheteur à remettre sur ses épaules le coffre prêt à tomber.*]

COMEDIE. 43

TRUFFALDIN, *en regardant le Crocheteur.*

(*à Florinde.*)

Si je pouvois gagner quelque sous, mon Gentilhomme, n'avez-vous pas besoin de moi ? puis-je vous servir à quelque chose ?

FLORINDE.

Mon cher ami, je vous prie d'aider à porter ce coffre dans cette maison.

TRUFFALDIN.

Allons, Monsieur. (*au Crocheteur.*) Laissez-moi, laissez-moi faire, à moi. (*Il s'approche du Crocheteur, & met l'épaule sous le coffre qu'il prend entièrement sur lui ; en faisant cela, il jette adroitement le Crocheteur par terre.*) Regarde, voilà comme ça se fait, tu ne sçais pas ton métier.

FLORINDE.

Fort bien, fort bien, à merveille !

TRUFFALDIN.

Ce coffre ne pese non plus qu'une

plume. [*Il entre chez Brighelle avec le coffre.*]

FLORINDE.

Voyez-vous comme il faut faire ?

LE CROCHETEUR.

Ma foi, Monsieur, je n'en sçais pas davantage ; je ne suis Crocheteur que par hazard ; car je suis un enfant de bonne famille.

FLORINDE.

Que faisoit votre pere ?

LE CROCHETEUR

Mon pere étoit, Monsieur, garde du corps des moutons qui paissoient par la Ville.

FLORINDE.

(*à part*) C'est un fou.

(*au Crocheteur.*) Je n'ai plus besoin de rien.

LE CROCHETEUR.

Monseigneur.

FLORINDE.

Qu'est-ce qu'il y a ?

COMEDIE.

LE CROCHETEUR.
Donnez-moi pour ma peine.

FLORINDE.
Que veux-tu que je te donne pour dix pas que tu as faits? (*il tend la main.*)

LE CROCHETEUR.
Je ne compte point mes pas, payez-moi.

FLORINDE.
Voilà cinq fols.

LE CROCHETEUR.
Payez-moi. (*il tend la main.*)

FLORINDE.
Ah! quelle patience qu'il faut avoir! tiens, voilà encore cinq fols.

LE CROCHETEUR.
(*tendant encore la main.*) Payez-moi.

FLORINDE.
(*lui donnant un coup de pied.*) tiens; tu m'ennuies.

LE CROCHETEUR.
(*en s'en allant.*) A préfent je fuis bien payé.

SCENE VIII.

FLORINDE, & puis TRUFFALDIN.

FLORINDE.

IL y a des originaux bien singuliers ! il attendoit, je crois, que je le maltraitasse ; mais allons un peu voir quel est ce logis...

TRUFFALDIN.

Monsieur, vous êtes servi, j'ai porté votre coffre.

FLORINDE.

Quelle est cette maison ?

TRUFFALDIN.

C'est un bon Hôtel garni, Monsieur ; bons lits, beaux miroirs, cuisine surtout belle & bonne, où l'on sent une odeur qui réjouit. J'ai parlé au valet qui a soin des chambres, vous serez servi comme un Roi.

FLORINDE.

Quel est votre métier ?

TRUFFALDIN.
D'être votre serviteur.

FLORINDE.
Etes-vous Vénitien ?

TRUFFALDIN.
Non, Monsieur, mais je suis de l'Etat; je suis Bergamasque pour vous servir.

FLORINDE.
Avez-vous un Maître à présent ?

TRUFFALDIN.
A présent... non, Monsieur, je n'en ai point.

FLORINDE.
Vous êtes sans Maître ?

(à part.)

TRUFFALDIN.
Me voilà, vous le voyez, je suis sans Maître; mon Maître n'est pas ici, ainsi je ne mens pas.

FLORINDE.
Voulez-vous me servir ?

TRUFFALDIN.
Vous servir, Monsieur ; pourquoi

non ? (*à part.*) S'il fait meilleur avec lui, j'y resterai.

FLORINDE.

Pour le tems que je serai à Venise; peut-être davantage.

TRUFFALDIN.

Fort bien; que me donnerez-vous de gages ?

FLORINDE.

Combien voulez-vous ?

TRUFFALDIN.

Je m'en vais vous dire, Monsieur, un autre Maître que j'avois, & que je n'ai plus à présent ici, me donnoit un Philippe par mois, & mon argent à dépenser pour ma nourriture.

FLORINDE.

Hé bien, je vous en donnerai autant.

TRUFFALDIN.

Il faudroit, Monsieur, me donner quelque chose de plus.

FLORINDE.

Que voudriez-vous encore ?

TRUFFALDIN.

COMEDIE.

TRUFFALDIN.

Un sou par jour pour mon tabac.

FLORINDE.

Oui, volontiers, je vous le donne.

TRUFFALDIN.

En ce cas, je suis à vous.

FLORINDE.

Mais il faudroit que je vous connoisse un peu plus, que je fisse quelques informations....

TRUFFALDIN.

Ah! Monsieur, s'il ne vous faut que des informations, vous pouvez demander à tout Bergame, qui je suis.

FLORINDE.

Comment, vous n'avez personne à Venise qui vous connoisse?

TRUFFALDIN.

J'y suis arrivé pour la premiere fois de ce matin.

FLORINDE.

Allons, n'importe; vous me paroissez honnête homme; je verrai si vous me convenez.

TRUFFALDIN.

Eprouvez-moi, Monsieur, & vous verrez.

FLORINDE.

Auparavant de rien faire, je voudrois sçavoir s'il n'y a point de lettres pour moi à la Poste. Voilà de l'argent, allez à la Poste de Turin demander s'il y a des lettres pour M. Florinde Arethusi ; s'il y en a, prenez-les, & rapportez-moi-les tout de suite, car je vous attends avec impatience.

TRUFFALDIN.

Monsieur, pendant le tems que j'irai à la grande Poste, si vous vouliez bien faire apprêter le dîner.

FLORINDE.

Oui, oui, vous avez raison, je le ferai préparer. (*à part*) Il est plaisant, cela m'amuse, je le connoîtrai mieux par la suite. [*Il entre dans l'Hôtel garni.*]

SCENE IX.

TRUFFALDIN, & ensuite BÉATRICE en homme, & BRIGHELLE.

TRUFFALDIN.

UN sou par jour de plus ; cela fait trente sous par mois. Il n'est pas vrai que mon autre Maître me donne un Philippe, il me donne dix Pauli ; peut-être bien que dix Pauli font un Philippe : mais je n'en sçais rien ; & puis ce Monsieur de Turin, je ne le verrai plus, c'est quelque jeune fou, qui n'a pas plus de jugement que de barbe, qu'il s'aille promener ; allons à la Poste pour mon nouveau Maître....

[*Il veut partir & rencontre Béatrice.*]

BÉATRICE.

Fort bien, c'est donc ainsi que tu m'attends ?

TRUFFALDIN.

J'étois ici, Monsieur, en vous attendant.

BÉATRICE.

Et pourquoi viens-tu m'attendre ici & non pas dans la rue où je t'ai dit? c'est un hazard si je t'ai rencontré.

TRUFFALDIN.

Je me promenois un peu pour faire passer ma faim.

BÉATRICE.

Allons, va-t-en tout de suite à la barque du Messager, fais-toi donner mon coffre, & apporte-le chez Brighelle.

BRIGHELLE.

Voilà ma maison, ainsi vous ne pouvez pas vous tromper.

BÉATRICE.

Eh bien, dépêche-toi; qu'est-ce que tu attends?

TRUFFALDIN, *à part.*

Comment, diable, cet Hôtel garni!

BÉATRICE.

Tiens, en même tems tu passeras à la Poste de Turin, pour voir s'il y a des

Lettres pour M. Frédéric Rasponi & pour Mademoiselle Béatrice Rasponi ; ma sœur devoit venir avec moi ici, elle est restée en chemin à cause d'une incommodité qui lui est survenue; quelqu'amie pourroit lui écrire : demande bien exactement s'il y a quelques Lettres pour elle ou pour moi.

TRUFFALDIN, *à part.*
Je ne sçais par où commencer.

BRIGHELLE.
(*bas à Béatrice.*)
Comment attendez-vous des Lettres sous ces deux noms, si vous êtes partie secrettement ?

BÉATRICE.
(*bas à Brighelle.*)
J'ai donné ordre à un domestique de confiance, qui a soin des affaires de ma maison, de m'écrire : je ne sçais pas sous quel nom il pourra le faire ; mais allons-nous-en, je vous dirai mieux tout cela chez vous. (*à Truffaldin.*) Dépêche-toi d'al-

ler à la Poste & à la barque du Messager, prendre les Lettres s'il y en a, & fais porter mon coffre ici ; je t'attends.

[*Elle entre dans l'Hôtel garni.*]

TRUFFALDIN, *à Brighelle.*

C'est vous qui êtes le Patron de cette maison ?

BRIGHELLE.

Oui, oui, c'est moi ; je vous entends ; ne vous inquiétez pas, j'aurai soin de vous faire manger. [*Il entre chez lui.*]

SCENE X.

TRUFFALDIN & SILVIO.

TRUFFALDIN.

OH la bonne chose ! il y a tant de gens qui cherchent un Maître, & moi j'en ai deux. Comment diable vais-je faire ? je ne sçaurois les servir tous deux à la fois, non : Eh ! pourquoi ? ce seroit pourtant bien bon de gagner doubles gages, & de manger le double, sans que l'un ni l'autre s'en apperçût ; & si l'un des deux s'en appercevoit, qu'est-ce que j'y perdrois ? rien qu'un Maître ; l'un me renvoie-t-il, je reste à l'autre : cela est tout simple. Parbleu, je veux éprouver cette nouvelle façon de servir, quand cela ne me réussiroit qu'un jour seulement ; oui, je veux essayer mon habileté ; j'aurai toujours l'honneur d'avoir imaginé-là une belle chose ; allons, ferme, Truffaldin, courage, commençons par aller à la Poste pour tous les deux. *(Il va pour sortir.)*

SILVIO.

J'apperçois le Valet de Frédéric Rasponi. *(Il appelle Truffaldin.)* Hé !

TRUFFALDIN.

Monsieur ?

SILVIO.

Où est votre Maître ?

TRUFFALDIN.

Mon Maître, Monsieur !... Il est dans cet Hôtel garni.

SILVIO.

Allez lui dire que je veux lui parler, & que s'il est homme d'honneur, je l'attends ici.

TRUFFALDIN.

Mais, Monsieur....

SILVIO, *avec hauteur.*

Allons, vas-y tout de suite.

TRUFFALDIN.

Mais, Monsieur, sçavez-vous qui est mon Maître ?

SILVIO.

Veux-tu bien y aller sans répliquer davantage, ou je te romprai les bras.

TRUFFALDIN, *à part.*

Je ne sçais comment faire ; j'enverrai le premier que je rencontrerai.

[*Il entre dans l'Hôtel garni.*]

SCENE XI.

SILVIO, *ensuite* FLORINDE & TRUFFALDIN.

Silvio.

Non, non, je ne souffrirai point qu'un Rival m'enleve tout ce que j'aime. Si Frédéric a échapé à la mort une fois, il n'aura pas toujours le même bonheur. Où il faudra qu'il renonce à Clarice, ou qu'il se coupe la gorge avec moi.... Il sort bien du monde de cet Hôtel garni. Je crains d'être vu. (*Il se retire du côté opposé à celui par où il voit sortir du monde.*)

TRUFFALDIN, *montrant Silvio à Florinde.*

Le voilà ce Monsieur, qui fait tant le furibond.

Florinde.

Je ne le connois pas; que me veut-il?

TRUFFALDIN.

Monsieur, je n'en sçais rien : je vais chercher vos Lettres. (à part.) Je ne veux pas me trouver ici pendant leur querelle, je ne suis pas si sot.

(Il s'en va.)

SILVIO, à part.

Frédéric ne vient point !

FLORINDE.

Je veux sçavoir ce que c'est. (à Silvio.) Monsieur, est-ce vous qui m'avez fait demander ?

SILVIO.

Moi, Monsieur ! Je n'ai point l'honneur de vous connoître.

FLORINDE.

Cependant ce Valet que vous venez de voir s'en aller dans l'instant, m'a dit que vous l'aviez obligé d'un air impérieux, en le menaçant, de venir me défier de votre part.

SILVIO.

Il a mal entendu apparemment, je

lui ai dit que je voulois parler à son Maître.

FLORINDE.

Hé bien, c'est moi qui le suis.

SILVIO.

Vous, Monsieur, son Maître !

FLORINDE.

Oui, il est à mon service.

SILVIO.

Pardonnez-moi, en ce cas votre Valet ressemble apparemment à un autre que j'ai vu ce matin, ou bien il sert quelqu'autre que vous.

FLORINDE.

Il ne sert que moi ; vous n'y pensez pas.

SILVIO.

Puisqu'il est ainsi, je vous prie de vouloir bien m'excuser.

FLORINDE.

Il n'y a point de mal, Monsieur, ce sont de ces méprises toutes simples.

SILVIO.

Oserois-je vous demander, Monsieur, si vous êtes étranger ?

FLORINDE.

Je suis de Turin, pour vous servir.

SILVIO.

Et mon ennemi est aussi de cette Ville !

FLORINDE.

En ce cas je pourrois fort bien le connoître, & s'il vous a offensé, je m'employerai volontiers pour qu'il vous donne satisfaction.

SILVIO.

Connoîtriez-vous un certain Frédéric Rasponi ?

FLORINDE.

Oui, je ne l'ai que trop connu.

SILVIO.

Il prétend, en vertu d'une promesse que lui a faite un Négociant ici par écrit, de lui donner sa fille en mariage, l'épouser, & me l'arracher au moment où l'amour, qui nous unissoit déja depuis long-tems, alloit serrer pour jamais nos nœuds.

FLORINDE.

Ne craignez rien, Monsieur, Frédéric Rasponi n'est pas en état de vous enlever votre Maîtresse : il est mort.

SILVIO.

On nous l'avoit annoncé aussi qu'il étoit mort ; mais ce matin il est arrivé de Venise en aussi bonne santé que vous & moi, pour mon malheur.

FLORINDE.

Que dites-vous, Monsieur ? cela n'est pas possible !

SILVIO.

J'en ai été aussi étonné que vous.

FLORINDE.

Je vous assure que Frédéric Rasponi est mort.

SILVIO.

Je vous assure que Frédéric Rasponi est vivant.

FLORINDE.

Prenez bien garde, vous vous trompez.

SILVIO.

M. Pantalon, pere de la Demoiselle en question, n'a épargné aucun soin pour s'assurer de la vérité; mais il en a eu les preuves les plus convaincantes; rien n'est plus vrai que Frédéric Rasponi est vivant, & qu'il est ici.

FLORINDE, *à part.*

Il n'est donc pas resté sur le carreau, comme on le disoit.

SILVIO.

Il faut qu'il renonce à Clarice ou à la vie.

FLORINDE, *à part.*

Frédéric est ici ! Je fuis les poursuites de la Justice par rapport à lui, & je le retrouve où je vais !

SILVIO.

Il est étonnant que vous ne l'ayiez pas vu; il devoit loger dans cet Hôtel garni.

FLORINDE.

Je ne l'ai point rencontré ; on m'a dit qu'il n'y avoit aucun étranger ici.

SILVIO.

Il aura été autre part. Excusez, Monsieur, si je vous ai importuné ; si vous le voyez, dites-lui, je vous prie, qu'on lui conseille pour son bien de ne plus penser à ce mariage. Je m'appelle Silvio Lombardi, j'aurai l'honneur de vous revoir.

FLORINDE.

Je serai charmé de faire plus amplement connoissance avec vous, Monsieur. (*A part.*) Je suis confondu !

SILVIO.

Oserois-je, Monsieur, vous demander votre nom ?

FLORINDE, *à part.*

Ne nous découvrons point. (*haut.*) Horace Ardenti, pour vous obéir.

SILVIO.

Monsieur Horace, à l'honneur de vous revoir. [*Il sort.*]

SCENE XII.

FLORINDE, *seul.*

COMMENT est-il possible que Frédéric ne soit pas mort d'un coup d'épée qui le perçoit de part en part! Je l'ai vu moi-même baigné dans son sang: on m'a dit qu'il étoit mort sur la place; peut-être cela n'est-il pas; la blessure vraisemblablement n'étoit point mortelle; les Assassins l'auront laissé pour mort, & leur trouble les aura fait voir, ainsi que moi, que le hasard avoit amené dans le moment du coup, & qui ai malgré mon innocence été obligé de sortir de Turin par rapport aux soupçons que notre inimitié connue faisoit naître sur moi; je n'ai pas encore pu trouver le moyen de faire voir la verité. Mais puisqu'il n'est pas mort, il faut que je retourne à Turin pour y consoler ma chere Béatrice, qui surement pleure à present sur mon absence.

SCENE XIII.

TRUFFALDIN, *suivi d'un Crocheteur qui porte le coffre de Béatrice,* & FLORINDE.

TRUFFALDIN.

VENEZ avec moi..... Oh diable! mon autre Maître est ici. (*Bas au Crocheteur.*) Camarade, retirez-vous, & attendez-moi là.

[*Le Crocheteur se retire.*]
[*Il fait quelques pas avec le Crocheteur, mais appercevant Florinde, il fait retirer le Crocheteur.*]   (*A part.*)

FLORINDE.

Oui, oui, cela est resolu, je partirai pour Turin.

TRUFFALDIN.

Me voilà, Monsieur.

FLORINDE.

Truffaldin, veux-tu venir à Turin avec moi?

TRUFFALDIN.

Quand, Monsieur?

FLORINDE.

Tout-à-l'heure.

TRUFFALDIN.

Sans avoir dîné?

FLORINDE.

Non, nous dînerons & nous partirons sur le champ.

TRUFFALDIN.

Ah! je respire. A la bonne heure; quand j'aurai dîné, car je n'ai pas la force de prendre une résolution lorsque je suis à jeun.

FLORINDE.

As-tu été à la Poste?

TRUFFALDIN.

Oui, Monsieur.

FLORINDE.

As-tu trouvé des Lettres?

COMÉDIE.
TRUFFALDIN.
Oui, Monsieur.
FLORINDE.
Où sont-elles ?
TRUFFALDIN.
Un moment que je les cherche. (*Il fouille dans sa poche & en tire trois Lettres.*) [à part.] Oh diable ! J'ai mêlé celles de ce Maître‑ci avec celle de l'autre. Comment ferai-je pour les reconnoître, je ne sçais point lire ?
FLORINDE.
Hé bien ? Auras-tu bientôt fait ?
TRUFFALDIN.
Les voilà, Monsieur, les voilà. (*A part.*) Je suis à la torture. (*Haut.*) Je vous dirai une chose, Monsieur, ces trois Lettres-ci ne sont pas toutes pour vous. J'ai rencontré un Valet qui a servi avec moi à Bergame, à qui j'ai dit que j'allois à la Poste, & qui m'a prié de prendre les Lettres de son Maître, il doit y en avoir une pour lui, mais je ne la connois plus.

FLORINDE.

Laisse-moi voir, je prendrai les miennes, & je te rendrai celle qui n'est pas pour moi.

TRUFFALDIN.

Oui, oui, regardez, Monsieur, car il faut que je la porte tout de suite à ce Valet.

FLORINDE.

Que vois-je ? une Lettre adressée à Béatrice Rasponi ! Béatrice Rasponi à Venise !

TRUFFALDIN.

Avez-vous trouvé celle de mon camarade ?

FLORINDE.

Eh quel est ce camarade qui t'a donné cette commission ?

TRUFFALDIN.

C'est un Valet.... Il s'appelle Pasqual.

FLORINDE.

Et son Maître ?

COMEDIE.

TRUFFALDIN.
Je ne sçais pas, Monsieur.

FLORINDE.
Mais puisqu'il t'a prié de retirer ses Lettres, il t'a dit son nom ?

TRUFFALDIN.
Sans doute... (*à part.*) L'embarras redouble.

FLORINDE.
Hé bien, comment s'appelle ce Maître?

TRUFFALDIN.
Je ne m'en souviens point.

FLORINDE.
Comment !....

TRUFFALDIN.
Il me l'a écrit sur une carte....

FLORINDE.
Eh, où est cette carte ?

TRUFFALDIN.
Je l'ai laissée à la Poste.

FLORINDE, *à part.*
Je suis dans un trouble, une agitation !....

TRUFFALDIN, *à part.*

Je cherche la meilleure menterie pour me tirer d'affaire.

FLORINDE.

Où demeure ce Pasqual ?

TRUFFALDIN.

Je ne le sçais pas, Monsieur.

FLORINDE.

Comment pourras-tu donc lui remettre sa Lettre?

TRUFFALDIN.

Il m'a dit que nous nous trouverions sur la place.

FLORINDE, *à part.*

Je ne sçais que penser.

TRUFFALDIN, *à part.*

Si je me tire d'affaire, ce sera un miracle. (*Haut.*) Donnez-moi cette Lettre, Monsieur, je m'en vais l'aller trouver.

FLORINDE.

Non, je veux voir auparavant ce qu'il y a dedans.

TRUFFALDIN.

Malpeſte, Monſieur, n'allez pas faire ce coup-là; vous ſçavez vous-même que cela n'eſt pas poli.

FLORINDE.

C'eſt égal, cette Lettre m'intéreſſe trop, elle eſt adreſſée à quelqu'un qui m'eſt attaché de trop près pour que je me faſſe un ſcrupule de l'ouvrir. (*Florinde ouvre la Lettre.*)

TRUFFALDIN.

Oh ma foi tout eſt dit ! la ſottiſe eſt faite.

(*Florinde lit.*)

Mademoiſelle,

Votre départ de cette Ville fait beaucoup parler ici ; tout le monde dit que vous êtes allé ſuivre M. Florinde, & la Cour a pénétré que vous étiez partie en habit d'homme ; elle fait faire toutes les diligences poſſibles pour vous découvrir & vous faire arrêter. Je n'ai point adreſſé cette Lettre de Turin à Veniſe par prudence ; j'ai pris la précaution de l'envoyer à un de mes amis à Gênes, pour qu'il vous la fît tenir à Venise. Si j'apprends quelque chose par la suite qui vous intéresse, je ne manquerai point de vous en faire part de la même façon.

Je suis avec respect,
Mademoiselle,

   Votre très-humble & très-
   obéissant serviteur,
   Tognino della Doira.

TRUFFALDIN, *à part.*

La belle action, de lire ainsi les Lettres des autres !

FLORINDE, *à part.*

Qu'ai-je vu ! Qu'ai-je lu ! Béatrice partie en habit d'homme pour me chercher ! Oh preuve d'un véritable amour ! Pourquoi ne l'ai-je pas déjà trouvée à Venise ? (*Haut.*) Va, mon cher Truffaldin, fais toutes les diligences possibles pour

pour retrouver Pasqual; tâche de découvrir qui est son Maître, si c'est un homme, si c'est une femme; remarque bien la demeure de Pasqual, & si tu le peux, amene-moi-le ici; si tu fais ce que je te dis, j'aurai soin de te récompenser, ainsi que lui.

Truffaldin.

Donnez-moi cette Lettre, Monsieur; je m'en vais l'aller chercher.

Florinde.

La voilà. Je te remets mes intérêts en main; tu ne sçaurois me rendre un plus grand service que de faire ce que je viens de te dire.

Truffaldin.

Mais comment la donnerai-je ainsi ouverte ?

Florinde.

Tu diras que c'est un *qui-pro-quo*; cela ne fera aucune difficulté.

Truffaldin.

Et allons-nous toujours à Turin ?

D

FLORINDE.

Non, nous n'y allons plus. Ne perds point de tems, tâche de trouver Pasqual au plutôt. (*A part en s'en allant.*) Béatrice à Venise & Frédéric aussi! Si son frere la trouve, elle est perdue. Je vais mettre tout en usage pour la découvrir.

SCENE XIV.

TRUFFALDIN *seul, & ensuite* le Crocheteur *avec le Coffre.*

TRUFFALDIN.

MA foi, tant mieux si nous ne partons pas. Je veux voir comment je me tirerai de mon double service, éprouver mon sçavoir-faire. Je suis pourtant fâché de porter cette Lettre ainsi ouverte à mon autre maître; voyons, il faut que j'essaye de la reployer. (*Il replie la Lettre de trente façons, plus mauvaises les unes que les autres, enfin il s'en tient à une.*) A préfent il faut la cacheter. Si je sçavois comment faire ? J'ai vu quelquefois ma grand'mere qui cachetoit fes Lettres avec du pain mâché, voyons fi je pourrai faire comme elle. (*Il tire de fa poche un petit morceau de pain*) Le cœur me fend de perdre ainfi ce morceau de pain ; mais comment faire ? il le faut bien. (*Il mâche un peu de pain pour cacheter la Lettre, mais il l'avale.*) Que diable ! Je l'ai avalé ; allons il en faut mâcher un autre morceau. (*Il fait la même chofe & l'avale.*) Il n'y a pas de remede, la nature répugne à ce que je veux faire ; voyons, effayons encore une autre fois. (*Il mâche encore, en faifant tout ce qu'il peut pour s'empêcher d'avaler ; enfin après beaucoup de peine, il parvient à s'ôter le pain de fa bouche.*) Ah le voilà ! à la fin il eft venu. Je m'en vais cacheter ma Lettre. (*Il la cachete avec fon pain mâché.*) Il me femble qu'elle est fort bien comme cela. Oh ! oui , il ne s'appercevra pas qu'elle ait été ouverte. Il faut avouer, en verité, que je suis un habile homme ! Eh mais.... j'avois oublié mon Crocheteur que j'ai laissé quelque part par-là. (*Il va au fond du Théatre.*) Camarade , venez ici avec votre Coffre.

LE CROCHETEUR.
Me voilà, où faut-il le porter ?

TRUFFALDIN.
Portez-le dans cet Hôtel garni, je vous suis à l'instant.

LE CROCHETEUR.
Qui est-ce qui me payera ?

SCENE XV.

BEATRICE *qui sort de l'Hôtel garni.*

BEATRICE, *à Truffaldin.*

Est-ce-là mon Coffre ?
TRUFFALDIN.
Oui, Monsieur.
BEATRICE.
Portez-le dans ma chambre.
LE CROCHETEUR.
Où est votre chambre ?
BEATRICE.
Demandez-la aux Valets de l'Auberge.
LE CROCHETEUR.
Nous sommes convenus de trente sous.
BEATRICE.
Allez, je vous payerai.
LE CROCHETEUR.
Dépêchez-vous.
BEATRICE.
Ne me rompez pas la tête davantage.

LE CROCHETEUR.

Le Diable m'emporte, si je n'ai pas envie de jetter ce coffre au milieu de la rue. [*Il entre dans l'Hôtel garni.*]

TRUFFALDIN.

Ces Crocheteurs sont des gens bien polis, au moins.

BÉATRICE.

Eh bien ! as-tu été à la Poste ?

TRUFFALDIN.

Oui, Monsieur,

BÉATRICE.

Y a-t-il quelques Lettres pour moi ?

TRUFFALDIN.

Non ; mais j'en ai une pour Mademoiselle votre sœur.

BÉATRICE.

Eh bien ! où est-elle ?

TRUFFALDIN.

La voilà, Monsieur.

BÉATRICE.

Cette Lettre a été ouverte ?

TRUFFALDIN.

Ouverte ! oh, cela ne peut être.

BÉATRICE.

Ouverte & cachetée tout nouvellement avec du pain.

TRUFFALDIN.

Je ne sçais comment cela se peut faire.

BÉATRICE.

Tu ne le sçais pas, maraud, coquin que tu es ! qui a ouvert cette Lettre ? je veux le sçavoir.

TRUFFALDIN.

Je m'en vais vous dire la vérité, Monsieur, nous sommes tous pécheurs : Il y avoit à la Poste une Lettre pour moi ; je lis mal, au lieu d'ouvrir ma Lettre, je me suis trompé, j'ai ouvert la vôtre, je vous en demande pardon.

BÉATRICE.

Si cela est vrai, il n'y a pas grand mal.

TRUFFALDIN.

Oh ! cela est vrai, en honnête garçon.

BÉATRICE.

As-tu lu ma Lettre ? sçais-tu ce qu'elle contient ?

TRUFFALDIN.

Non, Monsieur, je n'en sçais rien, c'est un caractere où je ne connois goutte.

BÉATRICE.

Quelqu'un l'a-t-il vu ?

TRUFFALDIN. (*paroissant étonné de la question.*) Oh !

BÉATRICE.

Prens-y bien garde.

TRUFFALDIN.

Oh !

BÉATRICE, *à part.*

Je ne voudrois pas qu'il me trompât.

[*Elle lit la Lettre tout bas.*]

TRUFFALDIN, *à part.*

En voilà encore une de ❋ccommodée.

BÉATRICE, *à part.*

Tognino est un Domestique zelé pour mes intérêts, je lui ai des obligations. (*à Truffaldin.*) Ah ! ça, je m'en vais ici près pour quelqu'affaire ; va-t-en dans ma chambre, ouvre mon coffre, voilà les clefs, fors un peu mes habits pour leur faire prendre l'air ; je dînerai quand je ferai revenu. (*à part.*) Pantalon ne vient point, je voudrois pourtant bien avoir l'argent que je lui ai demandé.

[*Elle s'en va.*]

SCENE XVI.

TRUFFALDIN *seul, & enfuite* PANTALON.

TRUFFALDIN.

JE me fuis tiré d'affaire, on ne peut pas mieux ; ma foi, vive l'imagination ! c'eft une chofe bien imaginée ; je m'eftime à préfent cent écus de plus que je ne valois.

PANTALON.

Dites-moi, mon ami, votre Maître eft-il chez-lui ?

TRUFFALDIN.

Non, Monsieur, il n'y est pas.

PANTALON.

Sçavez-vous où il est?

TRUFFALDIN.

Non, Monsieur.

PANTALON.

Viendra-t-il dîner chez lui?

TRUFFALDIN.

Je crois qu'oui.

PANTALON.

Tenez, quand il reviendra, vous lui remettrez cette bourse où il y a cent ducats. Je ne peux pas rester plus long-tems, j'ai beaucoup d'affaires.

SCENE XVII.

TRUFFALDIN, & ensuite FLORINDE.

TRUFFALDIN, à *Pantalon, qui s'en va & qui ne l'entend pas.*

MAIS, dites donc, écoutez.... Bon voyage, il ne m'a pas dit à quel Maître je devois donner cet argent-là.

FLORINDE.

Eh bien, as-tu retrouvé Pasqual ?

TRUFFALDIN.

Non, Monsieur, je ne l'ai point trouvé, mais à sa place, j'ai trouvé quelqu'un qui m'a donné cent ducats.

FLORINDE.

Cent ducats ! eh ! pourquoi faire ?

TRUFFALDIN.

Dites-moi, Monsieur, attendez-vous de l'argent de quelque part ?

FLORINDE.

Oui, j'ai présenté une Lettre de change à un Marchand.

TRUFFALDIN.

Cet argent est donc pour vous ?

FLORINDE.

Mais, à qui t'a-t-il dit de le donner ?

TRUFFALDIN.

Il m'a dit de les donner à mon Maître.

FLORINDE.

En ce cas là cet argent est pour moi ; ne suis-je pas ton Maître ? qu'est-ce qui t'arrête ?

TRUFFALDIN, *à part.*

Il ne sçait pas que j'en sers un autre.

FLORINDE.

Eh ! tu ne sçais pas qui est-ce qui t'a donné cet argent ?

TRUFFALDIN.

Non, Monsieur ; mais il me semble avoir vu ce visage-là quelque part, je ne me ressouviens pas où.

COMÉDIE. 85
FLORINDE.
Ce sera quelque Marchand chargé apparemment de me faire tenir de l'argent.

TRUFFALDIN.
C'est cela sûrement.

FLORINDE.
Ressouviens-toi de Pasqual.

TRUFFALDIN.
Quand j'aurai dîné, j'irai le chercher.

FLORINDE.
Allons en ce cas faire dépêcher le dîner.
[*Il rentre dans l'Hôtel garni.*]

TRUFFALDIN.
Oh ! j'y cours.. (*à part.* Je m'y suis bien pris adroitement pour ne pas me tromper ; j'ai bien donné la bourse à qui elle appartenoit. [*Il rentre dans l'Hôtel garni.*]

SCENE XVIII.

Le Théatre représente la chambre de Pantalon.

PANTALON, CLARICE & puis SMÉRALDINE.

PANTALON.

Vous avez beau dire, Mademoiselle ma fille, il faut que vous épousiez M. Fréderic : j'ai donné ma parole, je ne suis pas un enfant.

CLARICE.

Vous êtes le maître de disposer de moi, mon pere ; mais permettez-moi de vous dire que c'est me tyranniser que de m'obliger à ce mariage.

PANTALON.

Quand M. Frédéric vous fit demander en mariage, je vous le proposai, vous ne me répondites point alors que vous ne le vouliez pas épouser ; vous deviez le faire dans ce tems-là, il n'est plus tems à présent de le refuser.

CLARICE.

Le respect & la soumission que je vous devois, me firent taire & consentir à tout.

PANTALON.

Eh bien ! fais qu'à présent ce respect & cette soumission fassent la même chose.

CLARICE.

Je ne saurois, mon pere.

PANTALON.

Non ! pourquoi ?

CLARICE.

Je n'épouserai jamais Frédéric.

PANTALON.

Il vous déplaît donc beaucoup ?

CLARICE.

Il m'est odieux.

PANTALON.

Eh bien ! je veux vous enseigner un moyen pour qu'il puisse vous plaire.

CLARICE.

Comment donc, mon pere ?

PANTALON.

Détachez-vous de Silvio, & vous verrez que Frédéric vous plaira.

CLARICE.

Silvio est trop profondément gravé dans mon cœur, & vous avez vous-même, mon pere, trop bien serré les nœuds qui m'unissoient déja à lui pour pouvoir les rompre.

PANTALON, *à part.*

Elle me fait compassion. (*haut*) Il faut faire de nécessité vertu.

CLARICE.

Mon cœur n'est pas capable d'un effort aussi grand.

PANTALON.

Allons, un peu de courage, & tu en viendras à bout.

SMÉRALDINE, *à Pantalon.*

Monsieur, M. Frédéric est là, qui demande à vous voir.

PANTALON.

Qu'il entre, il est bien le Maître !

CLARICE.

O Dieu ! quelle persécution !

[*Elle pleure.*]

SMERALDINE.

Qu'avez-vous donc, ma chere Maîtresse ? vous pleurez ! en vérité, vous n'y pensez point ; si vous aviez regardé le joli visage de M. Frédéric, & comme il est bien fait ; ah ! qu'un pareil lot me tombe à moi, je me garderai bien d'en pleurer, à moins que ce ne soit de joie. [*Elle s'en va.*]

PANTALON.

Allons, ma fille, remets-toi, ne fais point voir que tu as pleuré.

CLARICE.

Je ne saurois cacher mes pleurs, mon cœur se déchire.

SCENE XIX.

BÉATRICE *en homme*, PANTALON & CLARICE.

BÉATRICE.

JE suis le très-humble serviteur de M. Pantalon.

PANTALON.

Je ne suis pas moins le vôtre : avez-vous reçu une bourse d'argent de cent ducats ?

BÉATRICE.

Moi ! non.

PANTALON.

Je l'ai donnée à votre valet, il n'y a qu'un instant ; vous m'avez dit que c'étoit un homme fidèle.

BÉATRICE.

Oui, il n'y a aucun danger ; je ne l'ai pas encore vu, il me la donnera, lorsque je retournerai à la maison. (*Bas à Pantalon.*) Mais, qu'a donc la belle Clarice ? elle pleure.

PANTALON, *bas à Béatrice.*

Mon cher Monsieur Fréderic, il faut l'excuser; sa nouvelle situation la trouble apparemment un peu; j'espere avec le tems que cela se passera.

BÉATRICE, *bas à Pantalon.*

Voulez-vous me permettre d'être un moment seul avec elle, pour voir si je pourrai la consoler?

PANTALON.

Oui, je m'en vais faire un tour & revenir. (*à part.*) Il faut bien s'y prendre de toutes les façons. (*à Clarice*) Ma fille, je m'en vais revenir, attends-moi ici, tiens un peu compagnie à M. Fréderic. (*bas à Clarice.*) Allons, il faut se faire une raison.

[*Il sort.*]

SCÈNE XX.
BÉATRICE & CLARICE.

BÉATRICE.

Daignez, belle Clarice....

CLARICE.

Otez-vous, laissez-moi, vous m'importunez.

BÉATRICE.

Comment, c'est ainsi que vous traitez quelqu'un qui doit être votre époux!

CLARICE.

On pourra me forcer à vous donner ma main, mais jamais mon cœur.

BÉATRICE.

Vous êtes bien prévenue contre moi; j'espere pourtant vous intéresser en ma faveur.

CLARICE.

Je vous détesterai éternellement.

BÉATRICE.

Si vous me connoissiez mieux, vous ne diriez pas cela.

CLARICE.

Je ne vous connois que trop pour mon malheur.

BÉATRICE.

Je sçais comment vous consoler.

CLARICE.

Vous vous trompez ; un autre que Silvio ne peut me faire oublier mes maux.

BÉATRICE.

Il est vrai que je n'ai pas le pouvoir de vous consoler comme lui, mais je puis contribuer à votre bonheur.

CLARICE.

Je suis bien surprise, Monsieur, qu'après vous avoir parlé comme je l'ai fait, vous vous obstiniez encore à me tourmenter.

BÉATRICE, *à part*.

Cette pauvre enfant me fait pitié,

je ne sçaurois la voir plus long-tems dans cet état.

CLARICE, *à part.*

La passion m'emporte, elle me rend incivile, hardie.

BÉATRICE.

Belle Clarice, j'ai un secret à vous confier.

CLARICE.

Je ne vous promets point de discrétion, ainsi, gardez-vous de me rien confier.

BÉATRICE.

Votre colere injuste m'ôte presque la force de vous rendre heureuse.

CLARICE.

Vous ne pouvez que faire mon malheur.

BÉATRICE.

Vous vous trompez, & pour vous convaincre de ce que je dis, je vais vous parler avec sincerité. Si vous ne voulez point de moi pour époux, je suis dans le même cas par rapport à vous ; il manqueroit quelque chose à mon bonheur en vous épousant. Vous en aimez un autre que moi, j'en aime aussi un autre que vous.

CLARICE.

Ah ! voilà qui est parler cela ! vous commencez à me plaire.

BÉATRICE.

Ne vous l'ai-je pas bien dit, que j'étois sure de vous consoler ?

CLARICE.

Mais, ne me trompez-vous pas ?

BÉATRICE.

Non, belle Clarice, non, je ne vous trompe point, je vous parle avec sincerité ; & si vous voulez me promettre la discrétion que vous m'avez refusée tout-à-l'heure, je vais vous confier un secret, qui vous rendra toute votre tranquillité.

CLARICE.

Je vous jure de garder le plus rigoureux silence.

BÉATRICE.

Je ne suis point Frederic Rasponi, mais sa sœur Béatrice.

CLARICE.

Oh Ciel ! que me dites-vous ? Vous êtes une fille !

BÉATRICE.

Oui, je le suis ; ainsi voyez si j'avois envie de vous épouser !

CLARICE.

Et votre frere, qu'est-il devenu ?

BÉATRICE.

Hélas ! il n'est que trop vrai qu'il est mort. Mon Amant que je cherche à présent sous l'habit que vous me voyez, a été accusé de l'avoir tué, & s'est vu obligé de prendre la fuite, pour éviter les poursuites de la Justice. Je vous conjure par tout ce que l'amitié a de plus tendre, de ne point me trahir. On m'accusera peut-être d'imprudence & d'indiscrétion, en vous confiant un secret de cette importance ; mais la douleur où

je

je vous ai vue plongée, m'a déterminée à me découvrir; je vous crois trop estimable d'après cela, pour ne pas garder mon secret comme le vôtre propre. Silvio m'inquiétoit un peu aussi; j'ai craint que sollicité par vous contre son prétendu rival, il ne me mît dans quelqu'embarras funeste.

CLARICE.

Me permettez-vous de lui confier ce secret?

BÉATRICE.

Non, je vous le défends même absolument.

CLARICE.

En ce cas, je me tairai.

BÉATRICE.

Songez que je me fie à vous.

CLARICE.

Je vous jure encore de ne point parler.

BÉATRICE.

Ah ça, vous ne me regarderez plus à présent de mauvais œil?

CLARICE.

Oh non ! au contraire, vous serez mon amie, & si je puis vous être utile à quelque chose, vous pouvez disposer de moi.

BÉATRICE.

Je vous jure aussi une éternelle amitié, donnez-moi la main.

CLARICE.

Mais, je ne voudrois pas.....

BÉATRICE.

Avez-vous peur que je ne sois plus une fille ? Je vous donnerai des preuves évidentes de la vérité.

CLARICE.

Il me semble que c'est un songe !

BÉATRICE.

Il est vrai que la chose n'est pas ordinaire.

CLARICE.

Votre histoire est on ne peut pas plus singuliere.

BÉATRICE.

Adieu, ma chere Clarice; il faut que

je vous quitte ; donnons-nous la main, je vous prie, en signe d'amitié & de fidélité.

CLARICE.

Voilà ma main, je n'ai plus peur que vous me trompiez.

SCENE XXI.
PANTALON, BÉATRICE & CLARICE.

PANTALON, *appercevant Clarice qui donne la main à Béatrice.*

AH! ah! cela va fort bien ; comment donc ! je m'en réjouis. Ma fille, courage, tu n'es plus si triste, à ce qu'il me paroît.

BEATRICE.

Ne vous l'ai-je pas bien dit, Monsieur Pantalon, que je la consolerois ?

PANTALON.

A merveille, vous avez plus fait en quatre minutes, que je n'aurois fait moi en quatre ans.

E ij

CLARICE, *à part.*

Me voilà dans un nouvel embarras.

PANTALON, *à Clarice.*

En ce cas, nous dépêcherons ton mariage.

CLARICE.

Mon pere, cela n'est point pressé.

PANTALON.

Comment, tu lui donnes la main si facilement, & tu ne veux pas que je me presse de te marier ! Oh que si fait, quand les filles commencent à donner comme cela une fois, rien ne leur coûte plus après, & tu pourrois.... Demain je te marie.

BÉATRICE.

Il faudra auparavant, Monsieur Pantalon, que nous arrangions nos affaires, que nous voyions nos comptes.

PANTALON.

Nous ferons tout cela en peu de tems, c'est l'affaire de deux heures ; ainsi demain nous donnerons l'anneau.

CLARICE.

Daignez, mon pere...

PANTALON.

Ma fille, je vais dans l'instant annoncer cette nouvelle à Silvio.

CLARICE.

N'allez point l'irriter, je vous en conjure.

PANTALON.

Qu'est-ce que cela veut dire ? veux-tu donc deux maris ?

CLARICE.

Je ne dis pas cela, mais....

PANTALON.

Mais, mais ; allons, finissons, je suis votre serviteur. [*Il va pour s'en aller.*]

BÉATRICE, *à Pantalon.*

Ecoutez.

PANTALON.

Vous êtes mari & femme.

CLARICE, *à son pere.*

Plutôt.....

PANTALON, *en s'en allant.*

Je n'écoute plus rien, ce soir nous nous parlerons. [*Il sort.*]

SCENE XXII.
BÉATRICE & CLARICE.

CLARICE.

Je sors d'un embarras, pour tomber dans un autre.

BÉATRICE.

Ayez un peu de patience; quelque chose qu'il arrive, je ne vous épouserai pas.

CLARICE.

Et si Silvio me croit infidelle?

BÉATRICE.

Son erreur durera peu.

CLARICE.

Si je pouvois lui découvrir la vérité...

BÉATRICE.

Je ne vous releve point de votre serment.

CLARICE.

Que dois-je donc faire?

BÉATRICE.

Souffrir un peu.

COMÉDIE.

CLARICE.

Je crains bien qu'une peine aussi cruelle ne soit difficile à supporter.

BÉATRICE.

Songez que les plaisirs de l'Amour ne sont jamais plus sensibles qu'après ses inquiétudes & ses tourmens.

[*Elle sort.*]

CLARICE.

Je ne sçaurois espérer de plaisirs, jusqu'à ce que je sois hors d'inquiétude. Ah! il n'est que trop vrai, que dans la vie, le plus souvent l'on souffre & l'on espere ; on y jouit peu.

ACTE II.

SCENE PREMIERE.

Le Théatre représente la maison de la cour de Pantalon.

SILVIO & le DOCTEUR.

SILVIO.

On pere, je vous prie de me laisser.

Le Docteur.

Arrêtez, écoutez-moi.

Silvio.

Je suis hors de moi.

Le Docteur.

Pourquoi viens-tu dans la cour de Monsieur Pantalon ?

SILVIO.

Parce que je veux qu'il me tienne la parole qu'il m'a donnée, ou qu'il me donne satisfaction de l'affront qu'il me fait.

LE DOCTEUR.

Mais c'est une chose qu'il ne convient pas de faire dans la maison de Monsieur Pantalon; tu es un fou, il faut agir plus prudemment.

SILVIO.

Qui nous offense ne mérite aucun égard.

LE DOCTEUR.

Il est vrai que Monsieur Pantalon a manqué au devoir d'un honnête-homme; mais il ne faut pas pour cela risquer de te perdre. Laisse-moi faire, mon cher Silvio, je veux lui parler; peut-être lui ouvrirai-je les yeux, & lui ferai-je connoître son tort; retire-toi quelque part en m'attendant; sors d'ici, ne faisons point de scène; j'attendrai Pantalon.

SILVIO.

Mais moi, mon pere....

LE DOCTEUR.

Mais moi, Monsieur mon fils, je veux que vous m'obéissiez.

SILVIO.

Oui, je vous obéirai, je m'en vais ; parlez-lui, je vous attends dans la maison voisine ; mais si Monsieur Pantalon persiste à me faire injure, il aura affaire à moi.

[*Il sort.*]

SCENE II.

Le DOCTEUR, *ensuite* PANTALON.

LE DOCTEUR.

LE pauvre enfant me fait pitié ! Pantalon ne devoit point s'engager avec nous, & promettre à mon fils de le rendre heureux, sans être sûr auparavant que Frederic fût mort; je voudrois le tranquilliser, car je tremble que sa vivacité ne le perde.

PANTALON, *à part.*

Que fait le Docteur dans ma maison?

LE DOCTEUR.

Ah! Monsieur Pantalon, je suis votre serviteur.

PANTALON.

Je suis le vôtre, Monsieur le Docteur, je vous cherchois justement, vous & votre fils.

LE DOCTEUR.

Ah! fort bien, c'est sans doute pour nous assurer de nouveau, que Clarice sera l'épouse de Silvio?

PANTALON.

Je venois pour vous dire.... (*Il témoigne de l'embarras.*)

LE DOCTEUR.

C'est bon, Monsieur Pantalon, cela suffit, il n'est pas besoin d'autre justification. Nous nous mettons à votre place vous n'avez pu faire autrement dans le moment ; nous oublions tout en faveur de l'amitié qui nous unit.

PANTALON.

Certainement, en considérant la promesse faite à M. Frederic....

(*Il paroît embarrassé.*)

LE DOCTEUR.

Oui, vous avez été si frappé de le voir que vous n'avez pas eu le tems de réfléchir ; & vous n'avez pas songé à l'affront que vous nous faisiez.

PANTALON.

On ne peut appeler cela un affront, quand par un autre Contrat....

LE DOCTEUR, *l'interrompant.*

Je sçais ce que vous voulez dire ; il vous a semblé d'abord que la promesse que vous aviez faite à Frederic étoit indissoluble ; mais cet engagement n'étoit qu'entre vous & lui ; & le nôtre étoit ratifié par votre fille.

PANTALON.

Cela est vrai, mais...

LE DOCTEUR.

Et vous sçavez bien qu'en matiere de mariage, *consensus & non concubitus facit virum.*

PANTALON.

Je n'entends point le latin, mais je vous dis...

LE DOCTEUR.

Et il ne faut pas sacrifier ses enfans.

PANTALON.

Avez-vous autre chose à dire?

LE DOCTEUR.

Pour moi j'ai tout dit.

PANTALON.

Avez-vous fini?

LE DOCTEUR.

J'ai fini.

PANTALON.

Puis-je parler?

LE DOCTEUR.

Parlez.

PANTALON.

Monsieur le Docteur, votre science...

LE DOCTEUR.

Je veux bien que nous nous ajustions tous deux en doctes. Un peu plus un peu moins de science, je n'y regarderai pas de si près.

PANTALON.

Nous ne sommes encore qu'au commencement, voulez-vous bien me laisser parler ?

LE DOCTEUR.

Parlez.

PANTALON.

Je vous dis que votre science est belle & bonne ; mais elle ne conclut rien pour moi. M. Frederic est dans ma chambre avec ma fille, & si vous sçavez les régles que l'on observe quand on veut marier quelqu'un, si vous connoissez les usages, vous verrez par ce que je dis que son mariage avec Frederic est décidé.

LE DOCTEUR.

Comment !

PANTALON.

Oui.

LE DOCTEUR.

L'Amant est dans votre chambre avec Clarice ?

PANTALON.

Oui, & moi-même je l'y ai laissé.

LE DOCTEUR.

Et Clarice a consenti à ce mariage ainsi tout de suite, sans la moindre difficulté ?

PANTALON.

Ne sçavez-vous pas que les femmes sont changeantes comme le tems ?

LE DOCTEUR.

Et vous souffrirez que ce mariage ait lieu ?

PANTALON.

Comment, n'étois-je pas déja lié de façon à ne pouvoir me dédire ? Ma fille est contente, quelle difficulté peut-il y avoir à ce mariage ? Je venois exprès vous chercher, vous & votre fils, pour vous dire cette nouvelle ; je suis mortifié de ne pouvoir point vous tenir parole, mais je ne vois point de remede à cela.

LE DOCTEUR.

Je suis moins étonné du changement de votre fille, que de l'affront que vous osez nous faire ; si vous n'étiez pas sûr de la mort de Frederic, il ne falloit pas vous engager avec mon fils, & puisque vous l'avez fait, vous êtes obligé de lui tenir votre parole ; la nouvelle de la mort de Frederic vous justifioit assez auprès de lui de votre nouvelle résolution ; il ne pouvoit vous faire aucun reproche ni exiger de votre part aucune satisfaction : les épousailles contractées ce matin entre Clarice & mon fils *coram testibus*, ne pouvoient pas être détruites par une simple promesse que vous aviez faite à un autre. Si je voulois faire valoir les droits de mon fils, je pourrois rendre nulle cette promesse, & vous obliger à lui donner votre fille ; mais je rougirois d'avoir dans ma maison, une bru comme elle, la fille d'un homme sans honneur comme vous êtes. M. Pantalon, souvenez-vous de l'injure que vous me faites, que vous faites à la famille des Lombardi ; vous me le payerez un jour ; le tems viendra où vous vous en repentirez : *Omnia tempus habent.*

(*Il s'en va.*)

SCENE III.

PANTALON, *& ensuite* SILVIO.

PANTALON.

ALLEZ vous promener ; je m'embarrasse de vos menaces, comme de cela ; je n'ai point peur de vous. J'estime plus une famille de Rasponi que cent familles de Lombardi. Un fils unique & riche n'est pas si aisé à trouver, je n'en démordrai pas.

SILVIO, *à part.*

Mon pere a beau dire, je ne sçaurois patienter plus long-tems.

PANTALON, *en voyant Silvio.*

Allons, à l'autre à present.

SILVIO, *brusquement.*

Votre serviteur.

PANTALON.

Je suis le vôtre. (*à part.*) Oh! oh! il est tout en feu.

SILVIO.

J'ai entendu dire certaine chose à mon pere, cela seroit-il vrai?

PANTALON.

Puisque Monsieur votre pere vous l'a dit, il faut que cela soit.

SILVIO.

Le mariage de Clarice avec Frederic est donc décidé?

PANTALON.

Oui, Monsieur, décidé.

SILVIO.

Vous êtes bien hardi, d'oser me le

dire, homme sans parole, sans honneur que vous êtes !

PANTALON.

Comment, vous osez parler à un homme de mon âge avec tant d'insolence !

SILVIO.

Si vous n'étiez pas vieux comme vous l'êtes, je voudrois vous peler votre barbe.

PANTALON.

Si je n'étois pas vieux comme je le suis, je voudrois vous couper les oreilles.

SILVIO.

Je ne sçais à quoi il tient que je ne vous passe mon épée au travers du corps.

PANTALON.

Je ne suis point une grenouille, mon cher Monsieur, pour que l'on m'enfile si aisément. Comment, dans ma maison vous osez me faire une scène pareille !

SILVIO.

Sortez.

PANTALON.

Je suis bien étonné !...

SILVIO.

Venez, sortez, si vous êtes homme d'honneur.

PANTALON.

Vous devez me respecter.

SILVIO.

Vous êtes un lâche! un infâme!

PANTALON.

Vous êtes un impudent!

SILVIO.

Comment, morbleu! (*Il met l'épée à la main.*)

PANTALON, *tire en tremblant un pistolet de sa poche, & crie:*

A l'aide! au secours!

SCENE IV.

BÉATRICE *en habit d'homme ; accourant l'épée à la main, & les précédens.*

BÉATRICE, *à Pantalon, en tournant son épée contre Silvio.*

Me voilà, j'accours à votre défense.

PANTALON, *à Béatrice.*

Mon Gendre, secourez-moi !

SILVIO, *à Béatrice.*

Justement c'est à toi à qui j'en voulois.

BÉATRICE, *à part.*

Je crains de me découvrir.

SILVIO, *à Béatrice.*

Tourne ton épée contre moi.

PANTALON, *à Béatrice, en tremblant.*

Ah ! mon Gendre !...

BÉATRICE, *à Silvio.*

Ce n'est point la premiere fois que je

mesure mon épée avec quelqu'un ; me voilà ; je ne vous crains point.

PANTALON, *courant dans la rue.*

A l'aide, au secours ! il n'y a personne ?

(*Béatrice & Silvio se battent ; Silvio tombe & laisse tomber son épée ; Béatrice lui présente la pointe de la sienne sur la poitrine.*)

SCENE V.

CLARICE, & *les précédens.*

CLARICE, *accourant à Béatrice.*

OH Dieux ! Arrêtez.

BÉATRICE.

Belle Clarice, en votre faveur je donne la vie à Silvio, mais j'exige pour récompense de ma générosité, que vous me gardiez le secret que vous m'avez juré.

(*Elle s'en va.*)

SCENE VI.
SILVIO & CLARICE.
CLARICE.

N'ÊTES - vous point blessé, mon cher Silvio ?

SILVIO.

Perfide ! mon cher, à Silvio ! mon cher, à un Amant trompé, à un Epoux trahi !

CLARICE.

Que dites-vous, Silvio ? je ne mérite point vos reproches ; je vous aime, je vous adore, je vous suis toujours fidelle.

SILVIO.

Parjure! tu m'es fidelle ! appelles-tu m'être fidelle, promettre à un autre ta foi ?

CLARICE.

C'est ce que je n'ai point fait & ce que je ne ferai jamais ; je mourrois plutôt que de vous trahir.

SILVIO.

Votre pere vient d'annoncer au mien dans l'inſtant votre mariage avec Fréderic.

CLARICE.

Mon pere ne pouvoit point le faire.

SILVIO.

Et pouvoit-il dire que Fréderic étoit ſeul avec vous dans ſa chambre?

CLARICE.

Cela eſt vrai, je ne ſaurois le nier.

SILVIO.

Eh! vous regardez cela comme rien! vous voulez que je vous trouve fidelle, quand vous laiſſez prendre tant de liberté à mon Rival!

CLARICE.

Clarice ſçait conſerver ſon honneur.

SILVIO.

Clarice ne devoit point accorder une telle faveur à un homme qui prétend me l'enlever.

CLARICE.

CLARICE.

Mon pere l'a laissé avec moi.

SILVIO.

Et vous n'en avez point été fâchée?

CLARICE.

Je me serois en allé, si je l'eusse pu faire.

SILVIO.

J'entends, il vous aura engagée par quelque serment.

CLARICE.

Oui, mais ce serment ne m'obligeoit point à rester.

SILVIO.

Quel est donc ce serment que vous avez fait?

CLARICE.

Mon cher Silvio, pardonnez, mais je ne saurois vous le dire.

SILVIO.

Par quelle raison?

CLARICE.

Parce que j'ai promis de me taire.

F

SILVIO.

Le silence que vous gardez est une preuve que vous êtes coupable.

CLARICE.

Non, je suis innocente.

SILVIO.

Lorsque l'on est innocent, on ne se tait point.

CLARICE.

Cependant je serois coupable si je parlois.

SILVIO.

Mais ce silence, à qui l'avez-vous promis ?

CLARICE

A Fréderic.

SILVIO.

Et vous l'observez avec tant de fidélité ?

CLARICE.

Je l'observe pour n'être point parjure.

SILVIO.

Eh ! vous dites que vous ne l'aimez

point: je serois bien fou si je vous croyois. Non, non, je ne vous crois point, perfide ! infidelle ! ôtez-vous de mes yeux.

CLARICE.

Si je ne vous aimois point, je ne serois point accourue pour défendre votre vie.

SILVIO.

Je hais jusqu'à ma vie, puisque je la tiens d'une ingrate.

CLARICE.

Je vous aime toujours.

SILVIO.

Je vous déteste.

CLARICE.

Je mourrai si vous ne vous laissez point toucher.

SILVIO.

J'aimerois mieux voir votre mort, que votre infidélité.

CLARICE.

Je vais vous satisfaire. [*Elle ramasse l'épée qui est à terre.*]

SILVIO.

Et moi je vais vous regarder. (*à part.*) Je suis bien sûr qu'elle n'aura pas le cœur de le faire.

CLARICE.

Cette épée va donc vous rendre content. (*à part.*) Je veux voir jusqu'où ira sa cruauté.

SILVIO.

Cette épée va me venger.

CLARICE.

Quoi, vous êtes si barbare pour votre Clarice !

SILVIO.

Vous m'avez appris à être cruel.

CLARICE.

Ainsi, vous désirez ma mort !

SILVIO.

Je ne dis point ce que je désire.

CLARICE.

Il faut vous contenter.

[*Elle tourne la pointe de l'épée contre son sein.*]

SCENE VII.

SMÉRALDINE *accourant, & les précédens.*

SMÉRALDINE, *à Clarice.*

ARRÊTEZ, arrêtez, que faites-vous donc là ? [*Elle ôte l'épée à Clarice.*] Et vous, (*à Silvio*) turc, renégat, vous la laissiez se tuer ! quel cœur avez-vous donc ? Un cœur de tigre, de lion, de diable ! Regardez un peu ce beau petit Monsieur, pour qui les femmes veulent se crever le ventre ! Allez, vous êtes bien bonne, ma chere Maîtresse, il ne vous aime peut-être plus. Eh bien ! qui ne vous aime point ne mérite point que vous l'aimiez. Laissez-là ce bourreau, qu'il s'en aille au diable ; venez avec moi ; allez, allez, vous ne manquerez pas d'homme, c'est moi qui vous en réponds ; & je me fais fort de vous en trouver une douzaine d'ici à ce soir. [*Elle jette l'épée à terre, & Silvio la prend.*]

CLARICE, *à Silvio, en pleurant.*

Ingrat, est-il possible ? quoi, ma mort ne vous coûteroit pas un soupir ! ma douleur suffira seule pour la causer ; je mourrai, vous serez content ; cependant vous connoîtrez un jour mon innocence ; mais il ne sera plus tems de vous repentir ; vous pleurerez mon malheur & votre cruauté. [*Elle sort.*]

SCENE VIII.
SILVIO & SMÉRALDINE.

SMÉRALDINE.

Voila ce que je ne sçaurois comprendre ! voir sa Maîtresse qui veut se tuer, & rester là à la regarder, comme si l'on voyoit représenter quelque scène de Comédie !

SILVIO.

Folle que tu es, crois-tu de bonne foi qu'elle vouloit se tuer?

SMÉRALDINE.

Moi, je n'en sçais rien; mais tout ce que je sçais, c'est que je suis arrivée à tems, & que sans moi la pauvre Demoiselle se seroit percée.

SILVIO.

Il s'en falloit beaucoup que la pointe ne la touchât.

SMÉRALDINE.

Mais voyez un peu le menteur, elle étoit toute prête à entrer.

SILVIO.

Ce sont-là des ruses de vous autres femmes.

SMÉRALDINE.

Oui, cela seroit vrai, si nous étions comme vous; je dirai comme le Proverbe, vous mangez les noix & elles nous gâtent la voix. Les hommes commettent les infidélités, & les femmes ont la réputation d'être infidelles ; on parle contre les femmes, & jamais on ne dit la moindre chose des hommes ; nous sommes critiquées, & à vous l'on vous passe tout. Sçavez-vous pourquoi ? Parce que les hommes ont fait les loix ; si les femmes les avoient faites, ce seroit tout le contraire. Si j'étois la maîtresse, moi, je voudrois que tous les hommes infidéles portassent une branche d'arbre à la main ; je suis bien sure que toutes les Villes deviendroient des forêts.

[*Elle sort.*]

SCENE IX.

SILVIO, *seul.*

OUI, Clarice est une infidelle. Elle avoue elle-même avoir été seule avec Frederic, & qu'elle lui a fait un serment, sans vouloir me dire ce que c'est ; la perfide ! Elle a feint de vouloir se tuer pour me tromper, pour m'arracher des larmes & me ramener à elle; mais si je peux trouver mon Rival, je n'oublierai pas que je dois me venger doublement: il mourra de ma main, le traître! & l'ingrate Clarice verra couler son sang, pour prix de son infidélité.

[*Il sort.*]

SCENE X.

Le Théatre représente une salle de l'Hôtel garni avec deux portes en perspective, & deux escaliers séparés.

TRUFFALDIN, *ensuite* FLORINDE.

TRUFFALDIN.

JE suis bien misérable! de deux Maîtres que j'ai, pas un ne vient dîner; il y a un siécle que midi est sonné, & je ne vois ni l'un ni l'autre; ils viendront peut-être tous les deux ensemble, & je me trouverai pris comme un fot. Je ne sçaurois les servir tous deux l'un devant l'autre, la farce se découvrira, & gare.... Mais paix, en voici un enfin.

FLORINDE.

Eh bien ! as-tu trouvé Pasqual ?

TRUFFALDIN.

N'avez-vous pas dit, Monsieur, que j'irois le chercher après dîner ?

FLORINDE.

Je suis d'une impatience....

TRUFFALDIN.

Vous auriez dû, Monsieur, venir dîner plutôt.

FLORINDE, *à part.*

Est-il possible qu'il n'y ait pas moyen de sçavoir où je pourrai trouver Béatrice ?

TRUFFALDIN.

Vous me dites de faire préparer le dîner, & puis vous sortez ; le dîner sera refroidi & ne sera plus si bon.

COMEDIE.

FLORINDE.

Je ne veux point encore manger. (*à part.*) Je veux retourner à la Poste moi-même, peut-être que je découvrirai quelque chose.

TRUFFALDIN.

Sçavez-vous bien, Monsieur, que dans ce pays-ci il faut manger, & que quand on n'y mange pas on tombe malade ?

FLORINDE.

Il faut que je sorte pour une affaire pressante ; si je reviens à l'heure de dîner, je mangerai, sinon je mangerai ce soir ; toi, si tu veux, fais-toi donner à dîner.

TRUFFALDIN.

Oh ! cela suffit, il ne me faut pas autre chose ; puisque vous le voulez absolument, vous êtes le maître.

FLORINDE.

Cet argent me pese ; tiens, mets le dans mon coffre, voilà les clefs. [*Il donne à Truffaldin la bourse de cent ducats, avec les clefs.*]

TRUFFALDIN.

Je m'en vais le serrer & vous rapporter vos clefs.

FLORINDE.

Non, ce n'est pas la peine, tu me les donneras, je ne veux point attendre. Si je ne reviens point dîner, tu viendras me trouver à la Place, je suis impatient de voir ce Pasqual.

[*Il sort.*]

SCENE XI.

TRUFFALDIN, *ensuite* BÉATRICE *un papier à la main.*

TRUFFALDIN.

Encore vit-on, quand un Maître vous dit de manger ! De cette façon tout ira bien, je serai toujours d'accord avec lui. S'il ne veut point manger, qu'il ne mange point ; mais pour moi mon estomac n'est point du tout fait à jeûner, & il n'entend point raison quand il a

faim. Je veux serrer cette bourse, &
puis aussi-tôt......

BEATRICE.

Hé, Truffaldin.

TRUFFALDIN, à part.

Oh diable!

BÉATRICE.

Monsieur Pantalon t'a donné une bourse de cent ducats?

TRUFFALDIN.

Oui, Monsieur.

BÉATRICE.

Eh! pour quoi donc ne me la donnes-tu pas?

TRUFFALDIN.

Est-elle pour vous?

BÉATRICE.

Si elle est pour moi! qu'est-ce qu'il t'a dit en te donnant cette bourse?

TRUFFALDIN.

Il m'a dit de la donner à mon Maître.

BEATRICE.

Eh bien, quel est ton Maître?

TRUFFALDIN.

Vous, Monsieur.

BÉATRICE.

Eh! pourquoi demandes-tu donc si la bourse est à moi?

TRUFFALDIN.

C'est..... c'est sans doute la vôtre.

BÉATRICE.

Où est cette bourse?

TRUFFALDIN.

La voilà. (*Il lui donne la bourse.*)

BÉATRICE.

Le compte y est-il?

TRUFFALDIN.

Je n'y ai point touché, Monsieur.

BÉATRICE, *à part.*

Je les compterai.

TRUFFALDIN, *à part.*

Je m'étois trompé moi, avec cette bourse; mais avec de l'esprit on remédie à tout: que dira mon autre Maître? si elle n'étoit point à lui, il ne dira rien.

BÉATRICE.

Brighelle est-il ici?

TRUFFALDIN.

Oui, Monsieur.

BÉATRICE.

Dis-lui que j'aurai à dîner un ami, & qu'il se dépêche le plus vîte qu'il pourra de nous servir.

TRUFFALDIN.

Comment voulez-vous être servi? combien de plats voulez-vous?

BÉATRICE.

Monsieur Pantalon est un homme sans façon; dis à Brighelle qu'il nous fasse cinq ou six bons plats.

TRUFFALDIN.

Cela suffit, Monsieur, remettez-vous-en à moi.

BÉATRICE.

Oui, ordonne un peu; voyons, fais honneur à ton adresse. Je vais chercher Monsieur Pantalon qui est ici près; quand je reviendrai, que le dîner soit prêt à être servi. (*Il va pour sortir, & revient sur ses pas.*)

TRUFFALDIN.

Laissez-moi faire, Monsieur, j'espere que vous serez content.

BEATRICE.

Tiens, prends ce papier, & mets-le dans le coffre. Prends bien garde au moins que c'est une Lettre de change de quatre mille écus.

TRUFFALDIN.

Ne craignez rien, je la serrerai tout de suite.

BEATRICE.

Fais ensorte que tout soit prêt. (*A part.*) Le pauvre Monsieur Pantalon a pensé mourir de peur, il faut tâcher de le divertir.

(*Elle s'en va.*)

SCENE XII.

TRUFFALDIN & BRIGHELLE.

TRUFFALDIN.

C'EST ici qu'il faut prouver que je ne suis pas un sot; je veux la premiere fois que mon maître me charge de l'arrangement d'un dîner, lui faire voir que je suis de bon goût; je m'en vais serrer cette lettre, & puis... Oh! je la serrerai après, je ne veux pas perdre de tems. Hola! hé, quelqu'un, il n'y a personne ici? (*Il va au fond du Théatre.*) Appellez un peu M. Brighelle, dites-lui que je veux lui parler. (*Il revient.*) Un beau dîner ne consiste pas dans la quantité de plats, mais dans leur qualité & leur arrangement ; une belle symmétrie vaut mieux qu'une montagne de mets.

BRIGHELLE.

Qu'est-ce qu'il y a, M. Truffaldin, pour votre service ?

TRUFFALDIN.

Mon Maître a prié un ami à dîner avec lui, il faut que vous augmentiez le service, mais tout de suite, entendez-vous ? avez-vous de quoi à la cuisine ?

BRIGHELLE.

On trouve toujours tout ce que l'on veut chez moi, & dans une demie-heure de tems, je puis apprêter tel dîner que ce soit.

TRUFFALDIN.

Hé bien, qu'est-ce que vous nous donnerez à dîner ?

BRIGHELLE.

Pour deux personnes ? Nous ferons deux services de quatre plats chacun ; cela sera-t-il bien ?

TRUFFALDIN, à part.

Il m'a dit cinq ou six plats, six ou huit, il n'y a point de mal. (*A Brighelle.*)

Oui, cela ira bien, & qu'est-ce qu'il y aura dans ces plats?

BRIGHELLE.

Dans le premier service nous donnerons la soupe, la friture, le bouilli, & un fricandeau.

TRUFFALDIN.

Je connois fort bien trois de ces plats, mais le quatriéme je n'en sçais pas un mot.

BRIGHELLE.

C'est un plat à la françoise, un ragoût, une bonne chose.

TRUFFALDIN.

A merveille! le premier service est fort bien, passons au second.

BRIGHELLE.

Au second service nous donnerons le rôti, la salade, un morceau de pâtisserie & un poudings.

TRUFFALDIN.

Il y a aussi là un plat que je ne connois pas; qu'est-ce que c'est que ce bout de lin?

BRIGHELLE.

Je dis un Poudings ; c'est un plat à l'angloise, un mets exquis.

TRUFFALDIN.

Fort bien, je suis très-content, mais comment arrangerons-nous notre dîner ?

BRIGHELLE.

Cela est bien aisé, le garçon l'arrangera.

TRUFFALDIN.

Non, mon cher, je suis bon Maître d'Hôtel ; voyons comment vous ferez, car tout consiste à bien servir une table.

BRIGHELLE.

Eh bien, par exemple, nous mettrons ici la soupe, ici la friture, là le bouilli & le fricandeau. (*Il arrange, & montre avec la main la distribution de ses plats.*)

TRUFFALDIN.

Non, non, cela ne vaut rien, & qu'est-ce qu'il y aura au milieu ?

BRIGHELLE.

Il faudroit que nous fissions cinq plats.

TRUFFALDIN.

Hé bien, faites cinq plats.

BRIGHELLE.

Au milieu nous mettrons une sauſſe pour le bouilli.

TRUFFALDIN.

Non, non, vous ne ſçavez rien, mon cher, la ſauſſe ne va pas bien au milieu; c'eſt la ſoupe qu'il y faut mettre.

BRIGHELLE.

Hé bien, allons, d'un côté nous mettrons le bouilli, & de l'autre la ſauſſe...

TRUFFALDIN.

Bon, bon, cela ne vaut rien; vous autres Aubergiſtes, vous ſçavez bien faire la cuiſine, mais vous ne ſçavez pas ſervir une table. Je m'en vais vous montrer comment cela ſe fait, moi; imaginez-vous que c'eſt ici la table. (*Il met un genou en terre en montrant le plancher.*) Regardez bien comme j'arrange ces cinq plats; par exemple, je mets ici la ſoupe, (*il déchire un morceau de la Lettre de* change, pour marquer le plat du milieu,) de ce côté-ci le bouilli, (il déchire un autre morceau de la lettre & le met du côté dont il parle,) de cet autre côté, la friture. (Il fait la même chose.) Ici la sauſſe, & là le plat que je ne connois pas. (Il finit son deſſein des cinq plats avec deux autres morceaux de la lettre.) Cela n'eſt-il pas bien?

BRIGHELLE.

Fort bien, mais la sauſſe eſt trop loin du bouilli.

TRUFFALDIN.

Nous verrons tout-à-l'heure à l'approcher davantage.

SCENE XIII.

BÉATRICE, PANTALON, & les précédens.

BÉATRICE, à Truffaldin.

Que fais-tu là à genoux ?

TRUFFALDIN.

Je deffinois l'arrangement de votre dîner.

BÉATRICE.

Qu'eſt-ce que c'eſt que ce papier ?

TRUFFALDIN.

Oh diable ! c'eſt la lettre que vous m'avez donnée.

BÉATRICE.

Comment, ma lettre de change !

TRUFFALDIN.

Monſieur, ne vous mettez pas en colere, je m'en vais en recoller les morceaux, &....

BÉATRICE.

Coquin, est-ce ainsi que tu as soin de ce que je te confie, d'une chose aussi importante ? tu mériterois cent coups de bâton. Que dites-vous, M. Pantalon, avez-vous jamais vu une balourdise semblable à celle-là ?

PANTALON.

En vérité, cela est unique ! heureusement qu'il n'y a pas de mal, & que je suis tout prêt à vous en faire une autre.

BÉATRICE.

Mais c'auroit été la même chose, si cette lettre fût venue de loin, animal !

TRUFFALDIN.

Tout le mal est venu de ce que Brighelle ne sçait pas servir une table.

BRIGHELLE.

Il trouve des difficultés à tout.

TRUFFALDIN.

Je suis un homme qui sçait....

BÉATRICE.

Va-t-en d'ici.

TRUFFALDIN.

TRUFFALDIN.

Le bon ordre & l'arrangement valent mieux....

BEATRICE.

Va-t-en dehors, te dis-je.

TRUFFALDIN.

En fait de servir une table, je ne le céderois pas au premier Maître d'Hôtel du monde.

[*Il s'en va.*]

BRIGHELLE.

Je ne comprends rien à cet homme-là; quelquefois il est fourbe & quelquefois imbécille.

BEATRICE.

Il fait l'imbécille, le coquin : hé bien, nous donnerez-vous à dîner ?

BRIGHELLE.

Si vous voulez deux services de cinq plats chacun, en peu de tems cela sera prêt ?

PANTALON.

Comment, deux services! pourquoi tous

G

ces plats ? allons, sans façon, sans façon, du riz, deux plats, & je suis votre serviteur ; il ne me faut point tant de cérémonies.

BEATRICE, *à Brighelle.*

Ecoutez, arrangez cela pour le mieux.

BRIGHELLE.

Fort bien ; mais je voudrois, Messieurs, que vous me disiez ce qui vous fera le plus de plaisir.

PANTALON.

Si vous aviez des andouillettes pour moi, je vous serois obligé ; car j'ai mal aux dents.

BEATRICE, *à Brighelle.*

Entendez-vous ? des andouillettes.

BRIGHELLE.

Vous allez être servis ; mettez-vous, si vous le voulez bien, dans votre chambre ; tout-à-l'heure je vais faire mettre la table.

BEATRICE.

Dites à Truffaldin qu'il vienne servir.

BRIGHELLE.

Je vais lui dire, Monsieur.

[Il sort.]

SCENE XIV.

BÉATRICE, PANTALON, *Valets d'Auberge &* TRUFFALDIN.

BÉATRICE.

MONSIEUR Pantalon voudra bien se contenter du mauvais dîner qu'il va faire ?

PANTALON.

Vous vous moquez, mon cher ; je vous prie d'agir avec moi sans façon comme j'agirois avec vous : je vous aurois bien donné à dîner chez moi ; mais je voulois me dissiper un peu ; je tremble encore de la peur que j'ai eue. Sçavez-vous bien, mon cher Gendre, que si vous n'étiez pas venu à mon secours, cet étourdi m'alloit expédier ?

G ij

BEATRICE.

Je regarde comme le plus grand bonheur d'être arrivée assez à tems......

[*Les Valets de l'Auberge portent dans la chambre indiquée par Brighelle tout ce qu'il faut pour servir la table, avec des verres, du vin, du pain, &c.*]

PANTALON.

On est fort prompt ici à servir.

BEATRICE.

Brighelle est un homme entendu ; il servoit à Turin un très-grand Seigneur, qui lui veut beaucoup de bien.

PANTALON.

Il y a ici encore une Auberge sur le grand Canal, en face de la Fabrique de Rialto, où l'on est traité on ne peut pas mieux : j'y suis allé souvent avec plusieurs honnêtes gens ; mais de ceux-là qui aiment la joie, & j'ai été si bien traité, que je m'en souviens toujours avec plaisir ; entr'autres choses, je me ressouviens d'un certain vin de Bourgogne qui auroit fait fendre les pierres.

BÉATRICE.

Il n'est point de plus grand plaisir que celui d'être en bonne compagnie.

PANTALON.

Oh! si vous sçaviez ce que c'est que cette compagnie! si vous connoissiez tous ces gens-là! quels bons cœurs, que de sincérité, que d'honnêteté! comme nous nous sommes amusés, quel plaisir nous avons eu!

(*Les Valets sortent de la chambre & vont à la Cuisine.*)

BÉATRICE.

Vous vous êtes donc bien diverti avec eux?

PANTALON.

Et j'espere bien m'y divertir encore.

TRUFFALDIN, *portant la soupe.*

Monsieur, le couvert est mis, voilà la soupe que je porte.

BÉATRICE.

C'est bon, va toujours devant mettre la soupe.

TRUFFALDIN.

Oh! Monsieur, je n'en ferai rien; après vous. (*Il fait des cérémonies avec Béatrice.*)

PANTALON.

Il est drôle, votre Valet; allons, entrons. (*Il entre dans la chambre où l'on a servi.*)

BÉATRICE, *à Truffaldin.*

Je voudrois moins de gentillesse & plus d'attention. (*Elle entre.*)

TRUFFALDIN.

Voyez un peu la belle façon de servir! un plat à la fois! Mon Maître dépense son argent, & on ne lui donne rien de bon; je gagerois que cette soupe ne vaut rien; voyons un peu ce qui en est. (*Il tire une cuillere de sa poche & prend de la soupe.*) J'ai toujours mes armes sur moi; eh! elle n'est pas si mauvaise.

(*Il entre.*)

SCENE XV.

Un Valet portant le bouilli, ensuite TRUFFALDIN, *ensuite* FLORINDE, *& ensuite* BÉATRICE, *& d'autres Valets.*

UN VALET.

QUAND viendra-t-il donc prendre le bouilli, celui-là ?

TRUFFALDIN.

Je suis à vous, camarade ; qu'est-ce que vous allez me donner ?

LE VALET.

Voilà le bouilli, je vais chercher un autre plat. (*Il donne le bouilli à Truffaldin & part.*)

TRUFFALDIN, *regardant le bouilli.*

Je ne sçais si c'est du mouton ou du veau ; il me semble que c'est du mouton, voyons un peu. (*Il en prend un petit morceau.*) Non, non, ce n'est-là ni du mouton, ni du veau, c'est bien de la belle & bonne brebis. (*Il va pour entrer dans la chambre de Béatrice.*)

FLORINDE, *voyant Truffaldin.*

Où vas-tu ?

TRUFFALDIN, *à part.*

Ah ! je suis perdu !

FLORINDE.

Où vas-tu, dis donc, avec ce plat ?

TRUFFALDIN.

Monsieur, je servois le dîner.

FLORINDE.

A qui ?

TRUFFALDIN.

A vous, Monsieur.

FLORINDE.

Pourquoi servois-tu mon dîner avant que j'arrivasse ?

TRUFFALDIN.

Je vous ai vu venir, Monsieur, par la fenêtre. (*à part.*) Ma foi, il me falloit au moins cette excuse.

FLORINDE.

Eh ! tu commences par servir le bouilli ?

TRUFFALDIN.

Je m'en vais vous dire, Monsieur, c'est l'usage à Venise de servir ainsi ; on mange la soupe la derniere, comme la salade.

FLORINDE.

Mais ce n'est pas ma mode à moi ; je veux d'abord la soupe ; tu n'as qu'à reporter ce bouilli à la Cuisine.

TRUFFALDIN.

Oui, Monsieur, tout de suite.

FLORINDE.

Dépêche-toi, car je veux dormir après mon dîner.

TRUFFALDIN.

Oui, Monsieur. [*Il fait comme s'il alloit à la Cuisine.*]

FLORINDE, *à part*.

Je ne retrouverai jamais Béatrice. [*Il entre dans l'autre chambre, qui est la sienne.*]

[*Lorsque Truffaldin voit Florinde*

entrer dans sa chambre, il court porter le bouilli chez Béatrice.]

UN VALET, *revenant avec un plat.*

Il faut toujours attendre cet homme-là! (*Il appelle*) Truffaldin:

TRUFFALDIN, *sortant de la chambre de Béatrice.*

Me voilà. Allez vîte mettre la table dans l'autre chambre; cet Etranger qui y loge vient d'arriver; dépêchez-vous d'apporter la soupe.

LE VALET.

Dans l'instant. (*Il court.*)

TRUFFALDIN.

Voyons un peu, quel est ce plat là; il faut que ce soit le fricandeau. (*Il le goûte.*) Bon! fort bon! en honneur. (*Il porte ce plat chez Béatrice.*)

[*Les Valets passent avec tout ce qu'il faut pour mettre la table chez Florinde.*]

TRUFFALDIN, *aux Valets.*

Comment diable, ils sont légers comme des chats! Oh! si je pouvois servir mes deux Maîtres à table en même tems, ce seroit une grande chose.

[*Les Valets sortent de la chambre de Florinde & courent à la cuisine.*]

TRUFFALDIN.

Allons vite, la soupe.

LE VALET.

Pensez à votre table, nous penserons à la nôtre.   [*Il sort.*]

TRUFFALDIN.

Je veux penser à toutes les deux, si je le puis.

[*Un Valet revient avec la soupe pour Florinde.*]

TRUFFALDIN.

Donnez-moi cette soupe, je vais la porter; allez chercher ce qu'il faut pour l'autre table.

[*Il ôte la soupe des mains du Valet & la porte dans la chambre de Florinde.*]

LE VALET.

Il est drôle celui-là! il veut servir de

tous les côtés ; je le laisserai faire, moi ; que m'importe ? je n'en aurai pas moins pour boire.

[*Truffaldin sort de la chambre de Florinde.*]

BÉATRICE, *l'appellant.*

Truffaldin ?

LE VALET.

Eh ! voilà votre Maître qui vous appelle.

TRUFFALDIN.

Me voilà. (*Il entre dans la chambre de Béatrice.*)

[*Les Valets apportent le bouilli pour Florinde.*]

LE VALET, *aux autres.*

Donnez moi ici.

[*Il prend le bouilli des mains des autres Valets. Truffaldin sort de chez Béatrice avec des plats sales.*]

[*Florinde de sa chambre appelle ;*
 Truffaldin ?]

TRUFFALDIN.

Me voilà. (*Il veut prendre le bouilli des mains du Valet.*)

LE VALET.

Je m'en vais le porter.

TRUFFALDIN.

Non, non, n'entendez-vous pas qu'il m'appelle ?

[*Il ôte le bouilli des mains du Valet & le porte chez Florinde.*]

LE VALET.

Le drôle de corps ! il veut tout faire.

[*Les autres Valets apportent les andouillettes ; ils les donnent au Valet parlant, & partent.*]

LE VALET.

Je porterois bien ce plat là-dedans, mais je ne veux point avoir de dispute avec cet homme-là.

[*Truffaldin sort de la chambre de Florinde avec des plats sales.*]

LE VALET.

Ah ! tenez, Monsieur Jean-fait-tout, portez ces andouillettes à votre Maître.

TRUFFALDIN.

Des andouillettes ? (*Il prend le plat.*)

LE VALET.

Oui, c'est lui qui les a commandées.

[*Il sort*]

TRUFFALDIN.

A qui diantre dois-je porter ces andouillettes ? Qui de mes deux Maîtres les a pu commander ? Si je le demandois à la Cuisine ? Non, non, diable, il ne faut pas qu'ils se doutent de rien. Si je me trompe aussi ? Celui qui les aura commandées les demandera, & gare l'orage. Voyons, réfléchissons un peu.... Oui, oui, voilà qui est admirable, il faut faire comme cela : ma foi, vive Truffaldin ! je m'en vais partager ces andouillettes en deux plats ; je leur en porterai un à chacun ; ainsi, à coup sûr, celui qui les aura commandées en aura.

[*Il prend un plat propre dans la salle & partage les andouillettes.*]

Quatre ici, & quatre ici ; mais en voilà une de plus, à qui dois-je la donner ? afin que personne n'ait à se plain-

COMEDIE. 159

dre, je m'en vais la manger. (*Il mange l'andouillette.*) C'est très-bien raisonné, Monsieur Truffaldin, à présent portons ce plat dans cette chambre.

[*Il met à terre l'autre plat, & porte celui qu'il a, dans la chambre de Béatrice*]

LE VALET, *avec le poudings appelle:*
Truffaldin ?

TRUFFALDIN, *sortant de la chambre de Béatrice.*
Me voilà.

LE VALET.
Portez ce poudings....

TRUFFALDIN, *en prenant l'autre plat d'andouillettes.*
Attendez, je m'en vais revenir. (*Il le porte à Florinde.*)

LE VALET.
Vous vous trompez, les andouillettes sont pour ici. (*Il montre la chambre de Béatrice.*)

TRUFFALDIN.
Oui, oui, je le sçais, j'en ai porté là-

dedans; mais mon Maître envoie ces quatre-là à cet Etranger.

[*Il entre chez Florinde.*]

LE VALET.

Ils se connoissent donc & sont amis? Ils auroient bien pu dîner ensemble.

TRUFFALDIN, *revenant de la chambre de Florinde.*

Hé bien, qu'est-ce que c'est que ceci?

LE VALET.

C'est le plat à l'Angloise.

TRUFFALDIN.

Pour qui est-il?

LE VALET.

Pour votre Maître.

[*Il sort.*]

TRUFFALDIN.

Oh! oh! c'est donc là ce poudings: La jolie chose! l'odeur seule m'en réjouit; on diroit que c'est une Polenta *. Oh! si c'étoit une Polenta, ce seroit une bonne

---

* Bouillie de farine d'orge, de millet & de châtaignes, que les Italiens aiment beaucoup.

chose ; je m'en vais voir. (*Il tire de sa poche une fourchette.*) Ce n'est point là de la Polenta, ça lui ressemble un peu. (*Il mange.*) Ma foi, c'est encore meilleur que la Polenta. (*Il continue à manger.*

[*Béatrice appelle de sa chambre,* Truffaldin ?]

TRUFFALDIN, *répondant la bouche pleine.*

Je viens.

[*Florinde appelle de sa chambre aussi,* Truffaldin ?]

TRUFFALDIN, *répond encore la bouche pleine.*

On y va. (*à part.*) Oh ! la bonne chose ! encore un petit morceau, & j'y vais. (*Il mange.*)

[*Béatrice sort de sa chambre & voyant Truffaldin qui mange, elle lui donne un coup de pied, & lui dit.*]

Viendras-tu me servir ?

[*Truffaldin met le poudings par*

terre, & entre dans la chambre de Béatrice.]

[*Florinde sort de sa chambre & appelle.*]

Truffaldin? Où diable est-il fourré, ce maraud?

TRUFFALDIN, *sortant de la chambre de Béatrice, & voyant Florinde.*

Le voilà.

FLORINDE.

Où vas-tu donc? D'où viens-tu?

TRUFFALDIN.

J'étois allé chercher des assiettes, Monsieur.

FLORINDE.

Y a-t-il encore quelque chose à manger?

TRUFFALDIN.

Je m'en vais voir.

FLORINDE.

Dépêche-toi, je t'ai dit que je voulois dormir après mon dîner. (*Il rentre dans sa chambre.*)

COMEDIE. 163
TRUFFALDIN.

Oui, Monsieur, tout de suite. (*il appelle.*) Hé, garçon, y a-t-il autre chose ? (*à part.*) Je garderai pour moi ce poudings. (*il le cache.*)

LE VALET.

Voilà le rôti. (*Il apporte un plat de rôti.*)

TRUFFALDIN.

Allons vîte, le fruit. (*Il prend le rôti.*)

LE VALET.

Quelle presse ! allons, allons. [*Il sort.*]

TRUFFALDIN.

Le rôti, je vais le porter à celui-ci. (*Il entre chez Florinde.*)

LE VALET.

Voilà le fruit ; où êtes-vous ? (*Il apporte le fruit.*)

TRUFFALDIN, *de la chambre de Florinde.*

Me voilà.

LE VALET.

Tenez. (*Il lui donne le fruit.*) Avez-vous besoin de quelqu'autre chose ?

TRUFFALDIN.

Attendez. (*Il porte le fruit à Béatrice.*)

LE VALET.

Il court par ici ! il court par-là ! c'est un diable que ce Valet.

TRUFFALDIN.

Il ne faut pas autre chose.

LE VALET.

Tant mieux.

TRUFFALDIN.

Servez ma table à présent.

LE VALET.

Dans l'instant. (*Il sort.*)

TRUFFALDIN.

Prenons à présent notre poudings ; & vivat ! j'en suis pourtant venu à bout ; tout le monde est content. Mes deux Maîtres n'ont plus besoin de rien ; je les ai servis à table tous les deux sans qu'ils s'en soient apperçus ni l'un ni l'autre ; mais si j'ai travaillé comme deux, je veux manger comme quatre. (*Il sort.*)

SCENE XVI.

Le Théatre représente la rue dans laquelle on voit l'Hôtel garni de Brighelle.

SMÉRALDINE *seule, ensuite un Valet de l'Hôtel garni.*

SMERALDINE.

VOyez un peu la belle équipée que me fait faire ma Maîtresse ! M'envoyer avec un Billet doux dans un Hôtel garni ! Une fille comme moi dans un Hôtel garni ! Ah ! que servir une Maîtresse amoureuse est un sot métier ! La tête tourne à Clarice ; je ne la comprends pas : elle étoit amoureuse, folle, il n'y a qu'un instant, de Silvio, au point de vouloir se tuer pour lui ; & elle envoie à présent un billet doux à son Rival ! En veut-elle donc deux, de peur d'en manquer ? Elle est fille de précaution, & je l'approuve ; mais je n'aurai jamais le front d'entrer dans cet Hôtel garni pour y demander un jeune homme. Je vais appeller, quelqu'un viendra.

(*Elle appelle à la porte.*)

LE VALET.

Que voulez-vous, la jeune fille ?

SMÉRALDINE, *à part.*

En verité, je suis toute honteuse : (*haut.*) Dites-moi :... N'avez-vous pas ici un Monsieur Frederic Rasponi ?

LE VALET.

Oui, il vient de sortir dans l'instant de table.

SMÉRALDINE.

Je voudrois lui parler.

LE VALET.

C'est quelqu'ambassade galante, vous pouvez passer.

SMÉRALDINE.

Hé, pour qui me prenez-vous, s'il vous plaît ? Je suis la Femme de chambre de sa future.

COMÉDIE.

LE VALET.
Fort bien, passez.

SMERALDINE.
Oh! je n'entre point là-dedans.

LE VALET.
Voulez-vous que je le fasse venir au milieu de la rue ; cela ne seroit pas honnête, d'autant mieux qu'il est en compagnie avec Monsieur Pantalon de Bisognosi.

SMERALDINE, *à part.*
Mon Maître ! Encore pis. (*Haut.*) Oh! je n'y vais point.

LE VALET.
Je vous enverrai son Valet, si vous voulez ?

SMERALDINE.
Ce petit More ?

LE VALET.
Oui, justement.

SMERALDINE.
Oui, oui, envoyez-le.

168 LE VALET DE DEUX MAÎTRES,
LE VALET, à part.

J'entends, le petit More lui plaît; elle a honte d'entrer ici, & n'est point honteuse de s'en faire conter au milieu de la rue. (*Il rentre.*)

SCENE XVII.

SMÉRALDINE, puis TRUFFALDIN.

SMERALDINE.

SI mon Maître me voit, que lui dirai-je ? je lui dirai que je venois le chercher; oui, oui, voilà qui est fort bien imaginé; je suis un fille d'esprit.

TRUFFALDIN. [*Une serviette sous le bras, une bouteille d'une main & un verre de l'autre.*]
Qui est-ce qui me demande?

SMERALDINE.

C'est moi, Monsieur; je suis bien fâchée de vous avoir dérangé.

TRUFFALDIN,

TRUFFALDIN.

Ce n'est rien ; me voilà tout prêt à recevoir vos ordres.

SMERALDINE.

Vous étiez à table, à ce qu'il me paroît ?

TRUFFALDIN.

Oui, mais j'y retournerai.

SMERALDINE.

Je suis réellement mortifiée de vous avoir ainsi détourné.

TRUFFALDIN.

Et moi, j'en suis charmé, à vous dire vrai ; j'ai la panse pleine, & ces beaux petits yeux-là sont venus tout-à-fait à propos pour me faire faire digestion.

SMERALDINE, à part.

Il est charmant !

TRUFFALDIN.

Je m'en vais mettre, si vous le voulez bien, mon Cœur, cette bouteille-là quelque part, & je suis à vous dans la minute.

H

SMÉRALDINE, *à part.*

Il m'a dit, mon Cœur. (*haut*) Ma Maîtresse envoie cette Lettre à M. Frédéric Rasponi; ne voulant point entrer dans cet Hôtel garni, je vous ai fait appeler pour vous en charger, puisque vous êtes son valet.

TRUFFALDIN.

Volontiers, je la lui donnerai; mais auparavant il faut que je vous fasse aussi une ambassade galante.

SMERALDINE.

De la part de qui ?

TRUFFALDIN.

De la part d'un galant homme : dites-moi, connoissez-vous un nommé Truffaldin Battochio ?

SMERALDINE.

Il me semble avoir entendu ce nom-là quelque part; mais je ne me souviens plus qui est-ce qui le portoit. (*à part.*) Seroit-ce lui-même dont il voudroit parler ?

COMÉDIE.

TRUFFALDIN.

C'est un bel homme, basset, crapu, vif, spirituel, beau parleur, maître en fait de politesse.....

SMERALDINE.

Je ne le connois point.

TRUFFALDIN.

Cependant il vous connoît bien, lui, & son cœur grille d'amour pour vos appas.

SMERALDINE.

Ah! vous voulez badiner.

TRUFFALDIN.

Non, en vérité, & s'il osoit espérer un peu de retour, il se feroit connoître.

SMERALDINE.

Mais il faudroit le voir avant; peut-être alors pourroit-il en espérer.

TRUFFALDIN.

Voulez-vous que je vous le fasse voir?

SMERALDINE.

Très-volontiers.

H ij

TRUFFALDIN.

Dans l'instant.

[*Il entre dans l'Hôtel garni.*]

SMERALDINE.

Ce n'est donc pas lui ?

[*Truffaldin sort de l'Hôtel garni en faisant beaucoup de révérences à Sméraldine ; il s'approche d'elle, en gesticulant, en soupirant, & rentre dans l'Hôtel garni.*]

SMÉRALDINE.

Je n'entends pas ce que cela veut dire.

TRUFFALDIN, *revenant auprès de Sméraldine.*

L'avez-vous vu ?

SMERALDINE.

Qui ?

TRUFFALDIN.

Celui qui soupire pour vos beaux yeux.

SMERALDINE.

Mais je n'ai vu personne que vous.

TRUFFALDIN, *soupirant.*

Ah !

COMEDIE. 173
SMERALDINE.
Seroit-ce vous qui m'aimeriez?

TRUFFALDIN, *soupirant.*
Oui.

SMERALDINE.
Pourquoi ne me l'avez-vous pas dit tout de suite?

TRUFFALDIN.
Parce que je suis un peu timide.

SMERALDINE, *à part.*
En vérité, il me plaît on ne peut davantage.

TRUFFALDIN.
Eh bien ! que dites-vous de cela?

SMERALDINE.
Je dis que....

TRUFFALDIN.
Allons, dites.

SMERALDINE.
Oh ! je suis un peu honteuse aussi.

TRUFFALDIN.
Si nous nous marions ensemble, nous ferons le mariage de deux personnes honteuses.

H iij

SMERALDINE.

En vérité, vous me plaisez.

TRUFFALDIN.

Voilà qui est parler cela ; mais dites-moi un peu, êtes-vous fille... là ?...

SMERALDINE.

Est-ce que ça se demande ?

TRUFFALDIN.

Que voulez-vous dire par là ? non ?

SMERALDINE.

Au contraire, cela veut dire oui.

TRUFFALDIN.

Eh bien ! je suis aussi garçon, moi.

SMERALDINE.

Je me serois déja mariée cinquante fois si j'avois voulu ; mais je n'ai jamais trouvé personne de mon goût.

TRUFFALDIN.

Puis-je me flatter, ma Reine, d'être l'objet heureux qui fait que...

SMERALDINE.

Il faut que je le confesse, vous avez

un certain je ne sçais quoi.... mais je me tais, j'en ai assez dit.

TRUFFALDIN.

Quelqu'un qui voudroit de vous pour sa femme, comment faudroit-il qu'il s'y prît?

SMERALDINE.

Je n'ai plus ni pere ni mere ; il faudroit s'adresser à mon Maître & à ma Maîtresse.

TRUFFALDIN.

Fort bien, si je vous demande pour ma femme, qu'est-ce qu'ils diront?

SMERALDINE.

Ils diront que si je suis contente...

TRUFFALDIN.

Et vous, que direz-vous?

SMERALDINE.

Moi, je dirai... que s'ils sont contents...

TRUFFALDIN.

Il n'est pas besoin d'autre chose? nous serons tous contents. Donnez-moi votre

Lettre, & en vous rapportant la réponse, nous parlerons de nos affaires.

SMERALDINE.

Voici la Lettre.

TRUFFALDIN.

Sçavez-vous ce qu'elle chante ?

SMERALDINE.

Non, mais je meurs d'envie de le sçavoir.

TRUFFALDIN.

J'ai peur que ce ne soit là quelqu'une de ces Lettres, qui valent des coups de bâton à leur porteur.

SMERALDINE.

Que sçait-on ? il est certain qu'elle ne doit pas parler d'amour.

TRUFFALDIN.

Mal-peste ! je ne m'y fierai pas, je veux sçavoir ce qu'il y a dedans avant de la porter.

SMERALDINE.

Si nous pouvions l'ouvrir ?... mais après, comment faire pour la refermer ?

TRUFFALDIN.

Oh! laissez-moi faire à moi, j'entends, on ne peut pas mieux, à refermer les Lettres sans qu'il y paroisse.

SMERALDINE.

Ouvrons-la donc.

TRUFFALDIN.

Sçavez-vous lire, vous?

SMERALDINE.

Un peu; mais vous sçavez surement bien lire, vous?

TRUFFALDIN.

Oui, aussi un peu.

SMERALDINE.

En ce cas, voyons?

TRUFFALDIN.

Doucement, doucement, il faut agir avec prudence. [*Il déchire une partie de la Lettre.*]

SMERALDINE.

Ah! Ciel, qu'avez-vous fait?

TRUFFALDIN.

Oh! bon, ce n'est rien, j'ai le secret de

raccommoder les Lettres à merveille. Ah! la voilà ouverte!

SMERALDINE.

Allons, lisez-la.

TRUFFALDIN.

Lisez-la vous, vous connoissez mieux l'écriture de votre Maîtresse que moi.

SMERALDINE, *ayant beaucoup regardé la Lettre.*

A dire vrai, je n'y comprends rien.

TRUFFALDIN, *l'examinant aussi.*

Ni moi non plus.

SMERALDINE.

Pourquoi donc l'ouvrir?

TRUFFALDIN.

Attendez, aidons-nous, je sçais un peu lire.

[*Il tient la Lettre.*]

SMERALDINE.

Et moi aussi, je connois un peu mes lettres.

TRUFFALDIN.

Voyons, essayons tous deux, tenez, n'est-ce pas là une *m*?

SMERALDINE.

Bon, point du tout, c'est un *r*.

TRUFFALDIN.

Oh! de l'*r* à l'*m* il y a fort peu de différence.

SMÉRALDINE *épelle*.

R, a, Ra, Ra! non, non, attendez, je crois que vous avez raison, que c'est une m; m, a, ma, oui, ma.

TRUFFALDIN.

Vous vous trompez, il ne doit pas y avoir ma, il y a sûrement *mon*.

SMÉRALDINE.

Non, ne voyez-vous pas la queue qui fait l'*a*.

TRUFFALDIN.

C'est justement la queue qui fait que c'est *mon*.

SCENE XVIII.

PANTALON & BÉATRICE, *sortant de l'Hôtel garni*, & SMERALDINE *avec* TRUFFALDIN.

PANTALON, *à Sméraldine.*

QUE fais-tu là?

SMERALDINE, *embarrassée.*

Rien, Monsieur, c'est que je vous cherchois...

PANTALON

Que me veux-tu?

SMÉRALDINE.

Ma Maîtresse veut vous parler.

BÉATRICE, *à Truffaldin.*

Qu'est-ce que tu tiens-là?

TRUFFALDIN, *embarrassé.*

Rien, Monsieur, c'est un papier...

BÉATRICE.

Voyons un peu.

TRUFFALDIN.

Oui... Monsieur... (*Il lui donne la Lettre en tremblant.*)

BÉATRICE.

Comment, c'est une Lettre qui m'est adressée ! Coquin, tu ouvriras donc toujours mes Lettres ?

TRUFFALDIN.

Moi, Monsieur !.. je ne sçais....

BÉATRICE.

Voyez un peu ce maraud-là, Monsieur Pantalon ; c'est une Lettre que Clarice m'envoie pour m'avertir de toutes les folies que la jalousie fait faire à Silvio.

PANTALON, *à Sméraldine.*

Et toi, tu te méles donc de porter des Lettres sans ma permission ?

SMERALDINE.

Moi, Monsieur !....

BÉATRICE.

Qui est-ce qui a ouvert cette Lettre ?

TRUFFALDIN.

Ce n'est pas moi.

SMERALDINE.

Ni moi non plus.

PANTALON.

Qui est-ce qui l'a apportée?

SMERALDINE.

Truffaldin la portoit à son Maître.

TRUFFALDIN.

Et Sméraldine est venue l'apporter à Truffaldin.

SMÉRALDINE, *à part.*

Ah! babillard! je ne t'aime plus.

PANTALON.

Comment, toi, coquine, toi, impudente, tu portes des Lettres comme cela sans ma permission! Je ne sçais qui m'empêche de te donner ma main sur le visage.

SMERALDINE.

La main sur le visage à une fille comme moi! Jamais personne n'a eu la hardiesse de me toucher, & je vous trouve bien hardi.

PANTALON, *voulant courir à elle.*

Comment, c'est ainsi que tu me réponds !

SMERALDINE.

Hé, là, ne vous mettez pas en frais pour courir ; vous sçavez que vous avez assez de peine à marcher. (*Elle s'en va en courant.*)

PANTALON.

Attends, attends-moi, coquine ! je vais te faire voir si j'ai de la peine à marcher. (*Il la suit avec beaucoup d'efforts.*)

SCENE XIX.

BÉATRICE, TRUFFALDIN,
& ensuite FLORINDE *à la fenêtre de l'Hôtel garni.*

TRUFFALDIN, *à part.*

Comment diable me tirer d'affaire cette fois-ci ?

BÉATRICE.

Clarice est tourmentée continuellement par la jalousie de Silvio; il faut absolument que je me découvre pour finir sa peine. (*Elle relit la Lettre.*)

TRUFFALDIN, *à part.*

Il me semble qu'il ne me voit pas; essayons de sortir. (*Il marche doucement sur la pointe des pieds pour s'esquiver, mais Béatrice s'en apperçoit.*)

BEATRICE.

Où vas-tu ?

TRUFFALDIN.

Nulle part. (*Il s'arrête.*)

BEATRICE.

Pourquoi as-tu ouvert cette lettre ?

TRUFFALDIN.

Ce n'est pas moi, Monsieur, c'est Sméraldine.

BEATRICE.

Comment, Sméraldine ? c'est toi, coquin, qui l'as ouverte; & de deux. Tu m'as décacheté deux Lettres en un jour; viens ici.

TRUFFALDIN *s'approche
en tremblant.*

Par charité, Monsieur....

BÉATRICE.

Viens ici, te dis-je.

TRUFFALDIN.

Miséricorde, Monsieur. (*Il s'approche toujours en tremblant.*)

[*Béatrice prend la batte que Truffaldin porte à son côté, & le rosse avec.*]

FLORINDE, *à la fenêtre de l'Hôtel garni.*

Comment, on bat mon Valet !

(*Il se retire de la fenêtre.*)

TRUFFALDIN.

Haïe, haïe, Monsieur, en voilà assez, pardon, je vous prie.

BÉATRICE.

Allons, suis-moi, coquin ; je t'apprendrai à ouvrir mes Lettres. (*Elle jette la batte par terre & s'en va.*)

SCENE XX.

TRUFFALDIN, & ensuite FLORINDE sortant de l'Hôtel garni.

TRUFFALDIN, après que Béatrice est en allée.

Comment, morbleu! ventrebleu! est-ce ainsi que l'on traite les hommes de ma sorte? Des coups de bâton à moi! des coups de bâton! Quand on n'est pas content d'un Valet, on le renvoie, & on ne le bat pas.

FLORINDE.

Que dis-tu? [Il sort de l'Hôtel garni sans être apperçu de Truffaldin.]

TRUFFALDIN.

Oh! (appercevant Florinde.) on ne frappe pas ainsi les Valets des autres. (en se tournant du côté par où s'est en allée Béatrice.) Cette action est une insulte que l'on fait à mon Maître.

FLORINDE.

Oui, c'est un affront pour moi ; qui est-ce qui t'a battu ?

TRUFFALDIN.

Moi, je ne le sçais pas, Monsieur ; je ne le connois pas.

FLORINDE.

Pourquoi t'a-t-il battu ?

TRUFFALDIN.

Pourquoi ?.. parce que je lui ai craché sur son soulier.

FLORINDE.

Hé, tu te laisses battre ainsi, sans te remuer, sans te défendre ; tu exposes ton Maître à une affaire ; lâche ! poltron que tu es. (*Il prend la batte par terre.*) Ah ! puisque tu aimes à être bâtonné, je vais te servir à ton goût, & te rosser aussi. [*Il lui donne des coups de batte, & rentre dans l'Hôtel garni.*]

TRUFFALDIN.

Ma foi, à présent je puis bien dire que je suis le Valet de deux Maîtres, car j'ai tiré mon salaire de tous les deux.

[*Il rentre dans l'Hôtel garni.*]

ACTE III
ET DERNIER.

SCENE PREMIERE.

Le Théatre représente la salle de l'Hôtel garni comme on l'a déja vûe.

TRUFFALDIN *seul, & enfuite deux Valets de l'Hôtel.*

J'AI fait paffer la douleur de ces coups de bâton avec une bonne bouteille de vin que j'ai avalée : j'ai mangé comme quatre à mon dîner, & ce foir j'efpere, moyennant l'aide de mon eftomac, fouper encore mieux. Ma foi, tant que je pourrai conduire la barque & fervir mes deux Maîtres, je les servirai : car c'est une chose si douce! si agréable! si charmante de gagner & de manger le double, que fort volontiers je passerois ma vie à faire ce métier là; mais... ce n'est pas le tout de boire & de manger; voyons qu'est-ce que j'ai à faire à présent. Mon premier Maître est dehors de la maison, je ne sçais où; & l'autre dort. Il faut que je fasse prendre l'air à leurs habits, que je les tire de leurs coffres, & que je voye un peu s'il n'y a rien à y faire.... J'ai justement là les clefs, cette salle est fort commode pour les étendre; il faut que je me fasse aider par les Valets de cette maison. (*Il appelle.*) Hola, hé, quelqu'un?

UN VALET, *avec un garçon.*

Que voulez-vous?

TRUFFALDIN.

Venez m'aider à ôter les coffres qui sont dans ces chambres, afin de faire prendre l'air aux habits qui sont dedans.

LE VALET, *au garçon.*

Allez l'aider.

TRUFFALDIN.

Allons, venez, je vous donnerai pour vôtre peine, la meilleure partie du préfent que j'ai reçu de mes Maîtres. (*Il entre dans une chambre de Béatrice avec le garçon.*)

LE VALET.

Cet homme-là me paroît un bon Valet, il eſt leſte, prompt & fort attentif; cependant il a ſurement quelque défaut; j'ai ſervi comme lui, & je ſçais ce que c'eſt que les Valets; ils ne font rien jamais par attachement; c'eſt toujours pour tondre leurs Maîtres qu'ils les ſervent bien.

TRUFFALDIN, *ſortant de la chambre, en portant un coffre avec le garçon.*

Doucement, mettons-le ici. (*Ils le poſent au milieu de la ſalle.*) Allons prendre l'autre, mais portons-le doucement, car mon Maître dort dans sa chambre. (*Il entre avec le garçon dans la chambre de Florinde.*)

Le Valet.

Ce Valet-là est un bien bon serviteur, ou bien un grand fourbe; servir ainsi deux personnes en même tems, c'est ce que je n'ai jamais vu; il faut que je prenne garde un peu à lui, car je crains que sous prétexte de servir deux Maîtres, il ne les dépouille un beau jour tous les deux à la fois.

Truffaldin, *sortant de la chambre de Florinde & portant un coffre avec le garçon.*

Et celui-ci, mettons-le là. (*Ils le posent à peu de distance de l'autre.*) A présent vous pouvez-vous en aller, je n'ai pas besoin d'autre chose.

Le Valet, *au garçon.*

Allons, allez à la Cuisine. (*à Truffaldin.*) Voulez-vous encore quelqu'autre chose ?

TRUFFALDIN.

Rien du tout ; j'aime à faire mes affaires tout seul.

LE VALET, à part.

Ma foi tu ne ressembles guère aux autres Valets ; je t'estime si cela continue.

[*Il sort.*]

TRUFFALDIN.

A présent je puis faire ce que je veux sans que personne ait rien à me dire. (*Il tire une clef de sa poche.*) Quelle est cette clef ? Quel coffre ouvre t'elle ? Voyons. (*Il ouvre un coffre.*) Je l'ai deviné tout de suite, & celle-ci elle ouvrira sans doute l'autre. (*Il ouvre l'autre coffre.*) Les voilà ouverts tous les deux, mettons tout dehors. (*Il ôte les habits des deux coffres & les met sur la table ; il doit y avoir dans chacun des coffres un habit noir, des livres, des papiers écrits, &c.*) Voyons un peu s'il n'y auroit point quelques friandises dans les poches.

poches. (*Il fouille dans les poches de l'habit-noir de Béatrice & y trouve un Portrait.*) Oh, oh, le beau Portrait! voilà un bel homme! à qui reſſemble ce tableau? Il me ſemble que j'ai vu quelqu'un comme cela, mais je ne me ſouviens pas bien qui c'eſt; il reſſemble un peu à mon autre Maître; mais non, ce n'eſt pas lui; ce n'eſt point là ſon habit ni ſa perruque.

SCENE II.

FLORINDE *dans ſa chambre &* TRUFFALDIN.

FLORINDE, *appellant.*

Truffaldin?

TRUFFALDIN, *haut.*

Allons, on y va. Arrangeons vîte tout cela; mais je ne me ſouviens pas dans quel coffre étoient cet habit & ces papiers.

I

FLORINDE, *haut.*

Viendras-tu, ou faut-il que je t'aille chercher avec un bâton ?

TRUFFALDIN, *haut.*

J'y vais dans l'inſtant Allons, dépêchons-nous avant qu'il vienne, j'arrangerai mieux cela après. (*Il met les choſes au hazard dans les deux coffres, & les ferme.*)

FLORINDE, *ſortant en robe de chambre.*

Que diable fais-tu ?

TRUFFALDIN.

Mais, Monſieur, ne m'avez-vous pas dit de faire prendre l'air à vos habits, j'étois après le faire ?

FLORINDE.

A qui eſt ce coffre-là ?

TRUFFALDIN.

Je n'en ſçais rien, Monſieur, c'eſt apparemment à quelqu'un de logé ici.

FLORINDE.

Donne-moi mon habit noir.

TRUFFALDIN.

Allons, Monsieur. (*Il ouvre le coffre de Florinde & lui donne son habit noir; Florinde se fait ôter sa veste de chambre & s'habille, ensuite il met les mains dans ses poches & trouve le Portrait.*)

FLORINDE, *étonné de trouver le Portrait.*

Qu'est-ce que c'est que cela?

TRUFFALDIN, *à part.*

Oh diable! je me suis trompé; au lieu de le mettre dans l'autre habit, je l'ai mis dans celui-ci; la couleur m'a fait donner dans le pot-au-noir.

FLORINDE, *à part.*

O Ciel! ne me trompé-je point? c'est mon Portrait, ce Portrait que j'ai donné moi-même à Béatrice. (*Il se retourne d'un air extrêmement ému vers Truffaldin.*) Dis-moi un peu? Comment ce Portrait qui n'étoit pas dans ma poche s'y trouve-t-il à présent?

TRUFFALDIN, *à part.*

Ma foi, me voilà bien embarrassé; mais tâchons de nous tirer d'affaire.

FLORINDE.

Eh bien, à quoi penses-tu ? Veux-tu me répondre ? comment ce Portrait se trouve-t-il dans ma poche ?

TRUFFALDIN.

Monsieur.... je vous demande pardon de la liberté que j'ai prise ; ce Portrait est à moi, & c'étoit de peur de le perdre que je l'avois mis dans cet habit.

FLORINDE.

Où as-tu eu ce Portrait ?

TRUFFALDIN.

Je l'ai hérité de mon Maître.

FLORINDE.

Hérité !

TRUFFALDIN.

Oui, Monsieur, j'ai servi un Maître qui est mort, & qui m'a laissé quelques bagatelles, parmi lesquelles étoit ce Portrait; je n'ai gardé que lui; le reste je l'ai vendu.

FLORINDE, *à part.*

Oh Ciel! combien y-a-t-il de tems que ce Maître est mort?

TRUFFALDIN.

Il y a environ huit jours. (*à part.*) Je dis ce qui me vient à la bouche.

FLORINDE.

Comment s'appelloit ton Maître?

TRUFFALDIN.

Je ne sçais pas, Monsieur, il vivoit inconnu.

FLORINDE.

Inconnu... combien de tems l'as-tu servi?

TRUFFALDIN.

Peu de tems, dix ou douze jours.

FLORINDE, *à part.*

Ma crainte augmente à chaque instant; Béatrice fuyoit en habit d'homme... Elle vivoit inconnue.... Malheureux! s'il étoit vrai!..

TRUFFALDIN, *à part.*

Puisqu'il croit tout, je m'en vais lui en conter de belles.

FLORINDE, *d'un air ému.*

Dis-moi, ton Maitre étoit-il jeune ?

TRUFFALDIN.

Oui, Monsieur, jeune.

FLORINDE.

Sans barbe ?

TRUFFALDIN.

Sans barbe.

FLORINDE, *soupirant.*

C'étoit elle, ô Dieux !

TRUFFALDIN, *à part.*

J'espere que je n'aurai pas de coups de bâton.

FLORINDE.

Sçais-tu de quel pays étoit ton Maître ?

TRUFFALDIN.

Le pays, je le sçavois, mais je ne m'en souviens plus.

FLORINDE.

Etoit-il de Turin ?

TRUFFALDIN.

Oui, Monsieur, justement, de Turin.

FLORINDE, *à part.*

Chaque mot de ce malheureux me perce l'ame. (*Haut*) Mais, dis-moi, ton Maître est-il véritablement mort ?

TRUFFALDIN.

Assurément, il est mort.

FLORINDE.

De quelle maladie ?

TRUFALDIN.

De mort subite. (*à part.*) Je prends le plus court pour me tirer d'affaire.

FLORINDE.

Où a-t-il été enterré ?

TRUFFALDIN, *à part.*

Autre embarras ! Il n'a point été enterré, Monsieur, parce qu'un Valet de son pays a obtenu la permission de le faire ensevelir pour le faire transporter à Turin.

FLORINDE.

Et ce Domestique étoit celui qui t'a chargé de retirer ce matin cette Lettre à la Poste ?

TRUFFALDIN.

Oui, Monsieur, justement Pasqual.

FLORINDE, *à part.*

Il n'y a plus d'espérance, c'en est fait, Béatrice est morte! Infortunée Béatrice! les peines qu'elle éprouvoit l'auront conduite au tombeau! O Dieux! je ne sçaurois supporter l'excès de ma douleur. (*Il rentre dans sa chambre comme un furieux.*)

SCENE III.
TRUFFALDIN, *ensuite* BÉATRICE & PANTALON.

TRUFFALDIN.

QUE diantre cela veut-il dire? Il pleure! il se désespère! il a l'air égaré! Je serois pourtant fâché si mon conte alloit lui faire tourner la tête. Je ne l'ai imaginé, moi, que pour éviter la bastonnade; ce portrait lui a remué le sang, il faut qu'il le connoisse. Ah ça, je crois que je ferois fort bien si je portois ces deux coffres où ils étoient, afin de m'épargner une scene semblable à celle que je viens d'avoir, qui pourroit fort bien se terminer un peu plus mal pour moi. Mais... j'apperçois mon autre Maître ! Oh ma foi, pour le coup, la mine est éventée, & gare la catastrophe !.. (*Il fait un geste pour marquer la bastonnade.*)

BEATRICE.

Croyez-moi, Monsieur Pantalon, on a fait un double emploi de la derniere partie des miroirs & de la cire.

PANTALON.

Il pourroit bien se faire que mes Commis se fussent trompés ; nous viserons mon compte sur mon registre, & nous nous retrouverons.

BRIGHELLE.

J'ai fait moi-même un extrait de plusieurs piéces tirées de nos Livres ; ainsi, soit de votre côté, soit du mien, nous découvrirons l'erreur. (*Elle appelle*) Truffaldin?

TRUFFALDIN.

Monsieur!

BÉATRICE.

As-tu les clefs de mon coffre?

TRUFFALDIN.

Oui, Monsieur, les voilà.

BÉATRICE.

Pourquoi as-tu apporté mon coffre dans cette salle?

TRUFFALDIN.

Pour faire prendre l'air à vos habits.

BÉATRICE.

Hé bien! l'as-tu fait?

TRUFFALDIN.

Oui, Monsieur.

PANTALON.

Ouvre mon coffre, & donne moi... à qui est ce coffre-là?

TRUFFALDIN.

C'est à un autre étranger qui est arrivé.

COMEDIE.

BÉATRICE.

Donne-moi un Livre d'écriture que tu trouveras dans mon coffre.

TRUFFALDIN.

Oui, Monsieur. (*à part*) Fasse le Ciel que je ne me trouve pas dans un nouvel embarras !

[*Il ouvre le coffre & cherche le Livre.*]

PANTALON.

Il peut bien se faire, comme je vous disois, qu'ils se soient trompés; en ce cas, erreur n'est pas compte.

BÉATRICE.

Il peut se faire aussi qu'ils ayent raison, nous allons voir.

TRUFFALDIN, *présentant un Livre à Béatrice*

Est-ce celui-là ?

BÉATRICE.

Sans doute. (*Elle le prend sans l'observer, & l'ouvre*) Non, ce n'est pas cela ; à qui est ce Livre ?

TRUFFALDIN, *à part.*

J'ai fait encore une sottise.

BÉATRICE, *à part.*

Voilà deux Lettres que j'ai écrites à Florinde, ô Dieux ! ces mémoires, ces comptes lui appartiennent ! je tremble, je frissonne, je ne sçais où j'en suis.

PANTALON.

Qu'y a-t-il, Seigneur Frédéric ? Vous trouveriez-vous mal ?

BÉATRICE.

Ce n'est rien. (*bas à Truffaldin.*) Truffaldin, comment ce Livre, qui n'est pas à moi, se trouve-t-il dans mon coffre ?

TRUFFALDIN.

Je ne sçais....

BÉATRICE.

Allons, point de détours ; dis-moi la vérité.

TRUFFALDIN.

Je vous demande pardon, Monsieur, de la liberté que j'ai prise de mettre ce

Livre dans votre coffre; il est à moi, &
c'étoit de peur de le perdre que je l'a-
vois serré. (*A part*) Ce conte a réussi
avec l'autre, peut-être réussira-t-il avec
celui-ci.

BÉATRICE.

Comment, ce Livre est à toi, & m
ne le connois pas? tu me le donnes à la
place du mien?

TRUFFALDIN, *à part*

Malpeste! ce Maître-ci est plus fin
que l'autre! Monsieur, je vous dirai, il
y a si peu de tems que ce Livre est à
moi, que je n'y ai pas pensé dans l'instant.

BÉATRICE.

Et où as-tu pu avoir ce Livre?

TRUFFALDIN.

J'ai servi à Venise un Maître qui est
mort, & ce Livre m'est resté.

BÉATRICE.

Combien y a-t-il?

TRUFFALDIN.

Dix ou douze jours.

BÉATRICE.

Comment cela peut-il être, puisque je t'ai trouvé à Vérone ?

TRUFFALDIN.

Tout justement, je venois alors de Venise où mon Maître étoit mort.

BÉATRICE, à part.

Malheureuse que je suis. (*haut* Ce Maître ne s'appelloit-il pas Florinde ?

TRUFFALDIN.

Oui, Monsieur, Florinde.

BÉATRICE.

De la famille Arethusi ?

TRUFFALDIN.

Juste, Arethusi.

BÉATRICE.

Est-il bien vrai ? il est mort !

TRUFFALDIN.

Oh ! sûrement.

BÉATRICE, à part.

Grands Dieux ! de quelle maladie est-il mort ? Où a-t-il été enterré ?

TRUFFALDIN.

Il est tombé dans le Canal & s'est noyé; on n'a jamais pu le retrouver.

BÉATRICE.

Ah! malheureuse que je suis! Florinde est mort! tout ce que j'aimois n'est plus. A quoi me sert-il de vivre à présent, si le seul bien qui m'attachoit à la vie m'est enlevé? ô vaine espérance! ô soins perdus! infortunés stratagêmes d'amour! j'abandonne ma patrie, ma famille; je prends un habit peu fait pour mon sexe; je brave tous les périls qui menacent ma foiblesse; je hazarde ma vie même pour Florinde, & Florinde n'est plus! Infortunée Béatrice! c'étoit trop peu pour toi que la perte d'un frere, il falloit encore voir périr ton époux : à la mort de Fréderic, le sort cruel a voulu joindre celle de Florinde; mais si je suis coupable de leur mort à tous deux, pourquoi le Ciel ne s'arme-t-il pas pour les venger? Hélas! mes larmes & mes plaintes sont inutiles, Florinde n'est plus...; fuyez loin de moi, déguisemens superflus avec l'espoir qui m'est ravi. [*Elle ôte avec des marques de désespoir son chapeau & son habit, & jette tout par terre.*] O Dieux! la douleur me suffoque, ma vue s'éteint, je ne vois plus que mon époux que je vais suivre.

[*Elle entre d'un air égaré dans sa chambre.*]

PANTALON, *qui a entendu avec étonnement tout ce qu'a dit Béatrice, ainsi que Truffaldin, dit*: Truffaldin?

TRUFFALDIN.
Monsieur Pantalon!

PANTALON.
Une femme!

TRUFFALDIN.
Une femme!

PANTALON.
Quelle aventure!

TRUFFALDIN.
Quelle merveille!

PANTALON.

Je reste interdit!

TRUFFALDIN.

Je suis immobile!

PANTALON.

Je m'en vais apprendre cette nouvelle à ma fille.

[*Il s'en va.*

TRUFFALDIN.

Je ne suis plus le valet de deux Maîtres; mais d'un Maître & d'une Maîtresse.

[*Il s'en va.*]

SCENE IV.

On voit une rue dans laquelle est l'Hôtel garni de Brighelle.

Le DOCTEUR, ensuite PANTALON qui sort de l'Hôtel garni.

Le Docteur.

JE ne saurois digérer l'affront que Pantalon nous a fait; plus j'y pense, & plus je sens échauffer ma bile.

PANTALON, *d'un air gai.*
Mon cher Docteur, je vous salue.

Le Docteur.

Je suis bien surpris que vous ayiez la hardiesse encore de me saluer !

PANTALON.
J'ai une nouvelle à vous apprendre; sçachez.....

Le Docteur.

N'allez-vous pas me dire que les noces

sont déja faites ? je m'en soucie comme de cela.

PANTALON.

Eh! non, laissez-moi parler.

LE DOCTEUR.

Parlez, parlez, que la peste vous étouffe.

PANTALON, *à part.*

Il me prend envie de le doctorifier à coups de poing. (*haut*) Si vous le voulez, ma fille sera la femme de votre fils.

LE DOCTEUR.

Très-obligé, ne vous gênez pas, je vous prie. Mon fils, M. Pantalon, n'a pas un assez bon estomac; il ne veut les restes de personne; donnez-la à votre Monsieur Fréderic.

PANTALON.

Si vous sçaviez ce que c'est que Monsieur Fréderic, vous ne parleriez pas ainsi.

LE DOCTEUR.

Qu'il soit ce qu'il voudra, on a vu votre fille avec lui, *& hoc sufficit.*

PANTALON.

Mais il n'est pas vrai qu'il soit....

LE DOCTEUR.

Je n'écoute plus rien.

PANTALON.

Si vous ne m'écoutez pas, tant pis pour vous.

LE DOCTEUR.

Nous verrons, nous verrons pour qui ce sera tant pis.

PANTALON.

Ma fille est sage & honnête, &...

LE DOCTEUR.

Et... que le diable vous emporte !

PANTALON.

Qu'il vous étouffe !

LE DOCTEUR.

Vieillard sans foi & sans honneur,

SCENE V.
PANTALON, puis SILVIO.

PANTALON.

QUe la fiévre te serre pour mille ans, maudit Docteur ! mais ce n'est pas un homme, c'est un diable ; voyez un peu si j'ai jamais pu lui dire que Fréderic étoit une fille : bon, le moyen, il ne vous laisse pas parler ; mais j'apperçois son spadassin de fils, qui vient sans doute me faire quelque nouvelle impertinence.

SILVIO.

J'apperçois Pantalon, je sens renaître à sa vue des mouvemens de fureur.

PANTALON.

Monsieur Silvio veut-il bien que je lui annonce une bonne nouvelle ; daignera-t-il me laisser parler, & ne pas imiter M. son pere, dont le flux de bouche…

SILVIO.

Qu'avez-vous à me dire? parlez.

PANTALON.

Je vous apprends que le mariage de ma fille avec Monsieur Frederic ne se fera plus.

SILVIO.

Est-il bien vrai? ne me trompez-vous pas?

PANTALON.

C'est la verité pure; si vous voulez épouser ma fille, elle est prête à vous donner la main.

SILVIO.

Oh Ciel! vous me rendez la vie.

PANTALON, *à part.*

Ah! du moins n'est-il pas si bête que son pere!

SILVIO.

Mais comment pourrai-je l'épouser, mon Rival n'a-t-il pas votre parole?

PANTALON.

Je vais vous éclaircir ce myſtère;

Frederic Rasponi est devenu Béatrice sa sœur.

SILVIO.

Comment? je ne vous comprends pas.

PANTALON.

Vous avez l'entendement bien dur ; nous venons de découvrir que celui qui se disoit Frederic, est Béatrice sa sœur.

SILVIO.

Habillée en homme ?

PANTALON.

Habillée en homme.

SILVIO.

Ah ! j'entends.

PANTALON.

Encore vit-on.

SILVIO.

Comment cela est-il arrivé ? contez-moi-le, je vous prie.

PANTALON.

Allons chez moi, je vous conterai tout cela ; ma fille ne sçait encore rien, je veux vous rendre contents tous les deux à la fois.

SILVIO.

Comment puis-je reconnoître vos bontés, Monsieur, & réparer l'offense que je vous ai faite ?

PANTALON.

Allons, ne parlons point de cela, je vous pardonne, en faveur de votre amour pour ma fille ; venez, mon cher Silvio, venez. (*Il s'en va.*)

SILVIO.

Quel moment ! que je suis heureux ! je ne me posséde plus. (*Il suit Pantalon.*)

SCENE VI.

SCENE VI.

Le Théatre représente la Salle de l'Hôtel garni.

[*Béatrice & Florinde sortent chacun de leur chambre, un couteau à la main, prêts à se percer; Brighelle retient le bras à Béatrice, & Florinde est retenu par les Valets de l'Hôtel garni, qui l'entourent, & de cette façon, empêchent les deux Amans de se voir.*]

BRIGHELLE, *à Béatrice.*

Arrêtez, que prétendez-vous faire?

BÉATRICE.

Laissez-moi. (*Elle veut se débarrasser des mains de Brighelle, qui la retient.*)

LE VALET, *en retenant Florinde.*

Quel est ce désespoir? Y pensez-vous, Monsieur!

K

FLORINDE, *en colere.*
Eloignez-vous.

BÉATRICE, *à Brighelle.*
C'est en vain que vous vous y opposez. (*Elle se débarrasse des mains de Brighelle.*

[*Tous deux s'avancent, prêts à se tuer; mais ils se voient, le fer leur tombe des mains, ils demeurent saisis d'étonnement.*]

FLORINDE.
Que vois-je ?

BÉATRICE.
Florinde !

FLORINDE.
Béatrice !

BÉATRICE.
Vous vivez !

FLORINDE.
Quoi, c'est vous que je revois !

BÉATRICE.
Quel bonheur inattendu !

COMÉDIE. 219

FLORINDE.

O l'ame de ma vie !

[*Ils s'embrassent avec transport.*]

BRIGHELLE, *en plaisantant, aux Valets.*

Otez, ôtez vîte ce sang répandu, afin qu'il n'arrive point d'acccident.

(*Il s'en va*)

LE VALET.

Je m'en vais prendre ces coûteaux, & ne m'aviserai plus de leur en donner.

(*Il sort.*)

SCÈNE VII.

BÉATRICE, FLORINDE, *ensuite* BRIGHELLE.

FLORINDE.

QUELLE étoit la raison, ma chére Béatrice, qui pouvoit vous réduire à une pareille extrémité ?

BÉATRICE.

La nouvelle de votre mort.

K ij

FLORINDE.

Hé, qui est-ce qui pouvoit vous l'avoir annoncée ?

BEATRICE.

Mon Valet.

FLORINDE.

Comment ! le mien auſſi m'a fait accroire que vous n'étiez plus. Tranſporté de la douleur la plus vive, je voulois m'arracher la vie.

BÉATRICE.

Ce Livre eſt cauſe que j'ai ajouté foi à cette affreuſe nouvelle.

FLORINDE.

Ce Livre ! hé, mais il étoit dans mon coffre ; par quel miracle eſt-il paſſé dans vos mains ? Il vous ſera ſans doute parvenu comme mon portrait que j'ai retrouvé dans la poche de mon habit, ce même portrait que je vous donnai à Turin.

BEATRICE.

Nos marauds de valets auront fait tout le mal.

FLORINDE.

Le mien m'a raconté cent menteries à votre sujet.

BÉATRICE.

Et mon Valet m'en a fait autant au vôtre.

FLORINDE.

Où sont-ils, ces coquins ?

BEATRICE.

Nous ne les voyons plus.

FLORINDE.

Faisons-les chercher, pour les confronter, & sçavoir ce qu'ils ont fait. (*Il appelle.*) Hé, y a-t-il quelqu'un là ?

BRIGHELLE.

Qu'y a-t-il pour votre service, Monsieur ?

FLORINDE.

Où sont nos Valets ?

BRIGHELLE.

Je ne le sçais pas, Monsieur, mais je vais les faire chercher.

FLORINDE.

Tâchez de les trouver tout de suite, & envoyez-nous-les ici.

BRIGHELLE.

Je n'en connois qu'un ; mais je vais dire à mes garçons de les chercher ; ils les connoîtront sûrement tous deux. Je me réjouis avec vous, Monsieur & Mademoiselle, que vous ayiez fait une mort si douce ; je souhaite que vous n'en fassiez jamais d'autre chez moi. (*Il sort.*)

SCENE VIII.

BÉATRICE, & FLORINDE.

FLORINDE.

Vous demeurez donc aussi dans cet Hôtel garni ?

BÉATRICE.

Oui, j'y suis arrivée ce matin.

FLORINDE.

Et moi aussi, est-il possible que nous ne nous soyons pas vus !

BÉATRICE.

La fortune a voulu se jouer un peu de nous.

FLORINDE.

Dites-moi, je vous prie, votre frere est-il mort?

BÉATRICE.

Hélas! il n'est que trop vrai.

FLORINDE.

Eh bien, quelqu'un m'a soutenu qu'il vivoit, & qu'il étoit même à Venise.

BÉATRICE.

C'est moi seule qui suis la cause de cette erreur; je suis partie de Turin avec les habits & le nom de mon frere, pour suivre....

FLORINDE.

Je le sçais, ma chere Béatrice, pour me suivre; une Lettre que vous écrivoit un de vos Domestiques à Turin, m'a tout appris.

BÉATRICE.

Comment a-t-elle pu parvenir dans vos mains?

FLORINDE.

Un Valet que je crois être le vôtre, avoit prié le mien qui alloit à la Poste de prendre les Letres à votre adresse; en recevant les miennes, j'en trouvai une qui étoit pour vous, je ne pus résister à l'envie de l'ouvrir.

BÉATRICE.

Cette curiosité étoit bien naturelle.

FLORINDE.

Qu'aura-t-on pensé à Turin de votre suite ?

BÉATRICE.

Quelques fâcheux bruits qu'on y ait répandus sur moi, tout sera bientôt calmé en y retournant votre épouse.

FLORINDE.

Mais, puis-je me flater d'y retourner bientôt, accusé comme je le suis de la mort de votre frere ? n'ai-je pas tout à craindre pour moi ?

BÉATRICE.

L'argent que j'apporterai de Venise

vous tirera d'affaire : vous n'avez pas tué mon frere, il est sur qu'il a été assassiné ; ainsi vous serez bientôt lavé de cette fausse accusation.

FLORINDE.

Je ne sçais pas pourquoi nos Valets ne viennent point ?

BÉATRICE.

Qui peut les avoir portés à nous jouer une piece aussi cruelle ?

FLORINDE.

Si nous voulons sçavoir la vérité, il faut nous y prendre avec douceur.

BÉATRICE.

Je m'efforcerai de dissimuler.

FLORINDE, *voyant venir Trufaldin.*

En voici déja un.

BÉATRICE.

Celui-là m'a l'air d'être le plus fripon.

FLORINDE.

Je crois que vous avez raison.

K v

SCENE IX.

TRUFFALDIN *conduit de force par* BRIGHELLE *& ses garçons, &* BÉATRICE *&* FLORINDE.

FLORINDE.

Viens, viens ici, n'aie point peur.

BÉATRICE.

Nous ne te voulons faire aucun mal.

TRUFFALDIN, *à part*.

Hum! Je me souviens encore de ces coups de bâton....

BRIGHELLE.

Nous n'avons trouvé que celui-là; si l'on peut trouver l'autre, je vous l'enverrai aussi.

FLORINDE.

Oui, car il est nécessaire qu'ils soient confrontés.

BRIGHELLE, *bas à ses Valets*.

Le connoissez-vous, l'autre?

COMEDIE.

LE VALET.

Non.

BRIGHELLE.

Il faut demander à la Cuisine, quelqu'un sans doute le connoîtra.

[*Il sort.*]

LE VALET, *à part.*

S'il avoit été ici, je le connoîtrois sûrement. [*Il sort.*]

FLORINDE, *à Truffaldin.*

Allons, voyons, conte-nous un peu l'histoire de l'échange du Portrait avec le Livre, & pourquoi, toi & cet autre fripon vous vous êtes liés ensemble pour nous désoler ?

TRUFFALDIN. (*Il fait signe à tous les deux de le laisser parler.*)

Silence, s'il vous plaît. (*A Florinde, en l'éloignant de Béatrice, & le tirant à lui.*) Monsieur, je voudrois bien vous dire un mot à l'oreille ? (*A Béatrice qui s'approche pour sçavoir ce que c'est.*) Tout à l'heure, Mademoiselle, je vous

K vj

raconterai tout. (*à Florinde.*) Vous sçaurez, Monsieur, que je ne suis coupable de rien. (*Il montre adroitement Béatrice.*) Pasqual, le Valet de cette Demoiselle, a fait tout le mal. C'est lui qui a mis pêle-mêle toutes vos affaires ensemble, qui a jetté dans un coffre ce qu'il falloit qui fût dans un autre, sans que je m'en sois apperçu ; le pauvre diable m'a prié de ne rien dire, de crainte que son Maître ne le renvoyât ; & moi qui suis de bon cœur, qui me ferois hacher pour mes amis, j'ai inventé toutes sortes de choses pour le tirer d'affaire. Je ne me serois jamais douté que ce Portrait fût le vôtre, & que vous seriez si affligé de la mort de celui qui l'avoit. Voilà, Monsieur, l'histoire telle qu'elle est, foi d'honnête serviteur que je suis.

BÉATRICE, *à part.*

Il lui parle bien long-tems ! Je suis curieuse de sçavoir quel est ce grand mystere.

FLORINDE, *bas à Truffaldin.*

Celui qui te chargea de prendre cette Lettre à la Poste pour son Maître, étoit donc le Valet de Béatrice ?

TRUFFALDIN, *bas à Florinde.*

Oui, Monsieur, c'étoit Pasqual.

FLORINDE.

Pourquoi me cacher le nom du Maître de Pasqual, que je t'avois chargé avec tant d'empressement de sçavoir ?

TRUFFALDIN.

Il m'avoit prié de ne le pas dire.

FLORINDE.

Qui ?

TRUFFALDIN.

Pasqual.

FLORINDE.

Eh ! pourquoi ne point obéir à ton Maître ?

TRUFFALDIN.

Pour l'amour de Pasqual.

FLORINDE.

Vous mériteriez tous les deux que l'on

vous donnât vingt coups de bâton à chacun.

TRUFFALDIN, à part.

Malpeste! ce ne seroit pas là mon compte; j'aurois tout & Pasqual n'auroit rien.

BEATRICE, à Florindo.

A-t-il bientôt fini avec vous?

FLORINDE.

Il me disoit....

TRUFFALDIN, bas à Florinde.

Pour l'amour de Dieu, mon cher Maître, n'allez pas découvrir Pasqual, croyez plutôt que c'est moi qui ai tout fait; donnez-moi des coups de bâton; mais épargnez ce pauvre Pasqual!

FLORINDE.

Tu t'intéresses bien au sort de ce Pasqual.

TRUFFALDIN.

Ah! Monsieur, je l'aime, je le chéris comme si c'étoit moi-même. Je m'en vais dire à cette Demoiselle que c'est moi qui ai fait tout le mal; j'aime mieux être grondé, être battu, & sauver Pasqual.

FLORINDE.

Voilà une amitié bien forte !

TRUFFALDIN, s'approchant de Béatrice.

Je suis à vous, Mademoiselle.

BÉATRICE.

Qu'as-tu donc à parler si long-tems avec Florinde ?

TRUFFALDIN.

Je vais vous le dire, Mademoiselle : Monsieur Florinde a un Valet, nommé Pasqual, qui est une tête à l'évent, qui ne sçait ce qu'il fait; c'est lui qui a mêlé vos hardes avec celles de son Maître ; & comme il a eu peur que Monsieur Florinde ne le chassât, il m'a prié de lui trouver quelques excuses pour le tirer d'affaire : voilà d'où vient l'invention du Livre, du Maître noyé, &c. Je viens de dire à Monsieur Florinde, que c'étoit moi qui avois fait tout le mal, afin de sauver ce pauvre Pasqual de l'orage qui le menaçoit.

BÉATRICE, *bas à Truffaldin.*
Pourquoi t'accuser d'une faute que tu n'as point faite ?

TRUFFALDIN.
Pour l'amour de Pasqual.

FLORINDE, *à part.*
Cet entretien me paroît bien long.

TRUFFALDIN, *bas à Béatrice.*
Mademoiselle, par charité, n'allez pas découvrir...

BÉATRICE, *bas à Truffaldin.*
Qui ?

TRUFFALDIN, *bas à Béatrice.*
Pasqual.

BÉATRICE.
Pasqual & toi, vous êtes deux coquins.

TRUFFALDIN, *à part.*
Ce sera moi qui serai coquin pour deux.

FLORINDE.
Ne nous inquiétons pas davantage, belle Béatrice, nos Valets ont fait tout

le mal, sans vouloir nous nuire : ils mériteroient d'être punis ; mais en faveur du bonheur que nous goûtons à présent il faut les pardonner.

BÉATRICE.

J'en conviens, mais votre Valet.......

TRUFFALDIN, *bas à Béatrice.*

Pour l'amour de Dieu, Mademoiselle, n'allez pas nommer Pasqual.

BÉATRICE, *à Florinde.*

Il faut que j'aille chez Monsieur Pantalon de Bisognosi pour affaires, voulez-vous m'y accompagner ?

FLORINDE.

Je ne puis pas avoir ce bonheur-là ; ma chere Béatrice, j'attends mon Banquier ici ; mais j'irai vous trouver chez Monsieur Pantalon plus tard, si vous le voulez.

BÉATRICE.

Oui. Je m'y en vais dans l'instant, je vous attendrai chez lui.

FLORINDE.

Où demeure Monsieur Pantalon ?

LE VALET DE DEUX MAÎTRES,

TRUFFALDIN.

Je le sçais moi, Monsieur, je vous y conduirai.

BÉATRICE.

Oui. Je m'en vais dans ma chambre me r'habiller.

TRUFFALDIN, *bas à Béatrice.*

Je vous suis, Mademoiselle.

BÉATRICE.

Mon cher Florinde, vous m'avez fait éprouver bien des peines. (*Elle entre dans sa chambre.*)

―――――

SCENE X.

FLORINDE & TRUFFALDIN.

FLORINDE, *à Béatrice.*

JE n'en ai pas moins ressenties que vous.

TRUFFALDIN.

Monsieur, Pasqual n'est point là, Mademoiselle Béatrice n'a personne pour l'habiller, voulez-vous que j'aille la servir ?

FLORINDE.
Oui, vas-y, sers-la bien avec zéle, tu me feras plaisir.

TRUFFALDIN, *à part en s'en allant.*

Pour l'invention & la fourberie, je ne le céderois pas au plus grand Chicaneur du Palais.

SCÈNE XI.

FLORINDE, *ensuite* BÉATRICE, & TRUFFALDIN.

FLORINDE.

Dans quelle situation me suis-je trouvé aujourd'hui ! j'ai passé de la douleur & du désespoir à l'excès de la joie : le passage de la tristesse au plaisir est bien doux, on oublie bientôt ce que l'on a souffert ; mais passer du plaisir à la douleur est une chose affreuse!

BÉATRICE.
Me voilà prête à sortir,

FLORINDE.

Quand quitterez-vous ces habits-là ?

BÉATRICE.

Est-ce que vous ne me trouvez pas bien ?

FLORINDE.

Il me tarde, ma chere Béatrice, de vous voir sous les habits de votre sexe : votre beauté, votre taille, vos graces, ne sont pas faites pour être ainsi ensevelies.

BÉATRICE.

Je m'en vais chez Monsieur Pantalon, où je vous attendrai ; faites-vous-y conduire par Truffaldin.

FLORINDE.

J'attendrai encore quelques tems mon Banquier, & s'il ne vient point, j'irai vous trouver.

BÉATRICE.

Venez, mon cher Florinde, le plutôt qu'il vous sera possible ; vous ne viendrez jamais assez vîte pour moi. (*Elle va pour s'en aller.*

TRUFFALDIN *arrête Béatrice*
& lui dit tout bas.

Voulez-vous que je reste avec Monsieur Florinde ?

BEATRICE.

Oui, tu le conduiras chez Monsieur Pantalon.

TRUFFALDIN.

Je le servirai aussi en cas qu'il ait besoin de quelque chose, car Pasqual son Valet n'est pas encore venu.

BEATRICE.

Oui, tu me feras beaucoup de plaisir. (*à part en s'en allant.*) J'aime Florinde plus que moi-même.

SCENE XII.

FLORINDE & TRUFFALDIN.

TRUFFALDIN.

Voyez un peu s'il viendra ! son Maître s'habille & sort ; & lui, on n'en entend point parler.

FLORINDE.

De qui parles-tu ?

TRUFFALDIN.

De Pasqual, à qui je veux du bien ; c'est le meilleur de mes amis, mais c'est un paresseux ; il ne me ressemble pas, je suis un Valet, moi, qui en vaut deux.

FLORINDE.

Allons, viens m'habiller, le Banquier viendra peut-être pendant ce tems là.

TRUFFALDIN.

Monsieur.... vous allez chez Monsieur Pantalon ?

FLORINDE.

Eh bien, que veux-tu dire ?

TRUFFALDIN.

Si j'osois vous présenter requête pour que vous m'accordiez une grace ?

FLORINDE.

Oui, car tu mérites beaucoup effectivement que je t'en accorde.

TRUFFALDIN.

Monsieur, je ne suis pas la cause du

mal qui vous est arrivé ; c'est la faute à Pasqual.

FLORINDE.

Mais, où est-il ce coquin de Pasqual ? on ne peut pas le voir ?

TRUFFALDIN.

Il viendra, le maraud ; je vous prierois, Monsieur, de vouloir bien......

FLORINDE.

Eh bien, après ?

TRUFFALDIN.

Je vous dirai, Monsieur, c'est que je suis aussi amoureux, moi.

FLORINDE.

Tu es amoureux ?

TRUFFALDIN.

Oui, Monsieur, & mon Amoureuse est la Soubrette de M. Pantalon ; je voudrois donc, Monsieur....

FLORINDE.

Eh bien ! cette Soubrette, qu'a-t-elle de commun avec moi ? que veux-tu que j'en fasse ?

TRUFFALDIN.

Je ne dis pas, Monsieur, que vous en fassiez rien; c'est moi qui voudrois, sous votre bon plaisir, en faire quelque chose; & puisque j'ai l'honneur d'être votre valet, je voudrois bien que vous touchiez quelques mots de mon amour à M. Pantalon.

FLORINDE.

Mais, cette fille voudra-t-elle de toi?

TRUFFALDIN.

Oh! oui, Monsieur, elle m'aime; il suffit que vous en parliez à M. Pantalon, & tout sera dit.

FLORINDE.

Je le veux bien; mais comment soutiendras-tu un ménage?

TRUFFALDIN.

Je ferai ce que je pourrai; en tout cas, je me recommanderai à Pasqual.

FLORINDE.

Recommande-toi à un plus de bon sens.   [*Il sort.*]

TRUFFALDIN.

TRUFFALDIN.

Je n'ai jamais eu plus de jugement qu'aujourd'hui.

[*Il suit Florinde.*]

SCENE XIII.

Le Théatre repréſente la chambre de Pantalon.

PANTALON, le DOCTEUR, CLARICE, SILVIO, & SMERALDINE.

PANTALON, *à Clarice.*

ALLONS, ma fille, allons, rends-toi; Silvio ſe repent de tout ce qu'il a fait; il t'en demande pardon; l'Amour l'a ſeul rendu coupable : je lui ai pardonné ſes étourderies en faveur de cette cauſe; il faut que tu en faſſes autant que moi.

SILVIO, *à Clarice.*

Jugez, ma chere Clarice, de mes peines par celles que vous avez éprouvées vous-même. La crainte de vous perdre m'avoit rendu furieux ; mes excès font une preuve de mon amour ; pouvez-vous ne pas excuser un crime qui n'a d'autre cause que la passion que vous m'avez inspirée ! si je vous eus moins aimée, je ne serois pas si coupable : la fortune enfin se déclare pour nous, ne vous refusez point à ses faveurs, & que l'envie de vous venger d'un Amant plus tendre encore que criminel, ne vous fasse point faire du plus beau jour de notre vie, le plus affreux.

LE DOCTEUR, *à Clarice.*

Je joins mes prieres, belle Clarice, à celles de mon fils : en vérité, le pauvre garçon a pensé devenir fou.

SMÉRALDINE.

Allons, ma chere Maîtresse, rendez-vous ; tenez, les hommes sont tous à peu près aussi bons l'un que l'autre, c'est ma foi blanc bonnet & bonnet blanc, un peu plus, un peu moins, ils veulent tous que les femmes leur soient fidelles, & au moindre soupçon, ils les déchirent, les maltraitent & les verroient mourir sans se remuer. Voulez-vous que je vous dise? il faut vous marier, soit avec celui-ci, soit avec celui-là ; je vais vous parler comme aux malades, puisqu'il faut que vous preniez médecine, prenez-la.

PANTALON, *à Clarice.*

Allons, entends-tu Sméraldine qui dit que le mariage est un médicament ? crois-moi, avale-le de bonne grace, afin qu'il ne te laisse point de mauvais goût. (*au Docteur*) Il faut l'égayer un peu.

LE DOCTEUR.

Le mariage n'est pas une médecine ni un médicament ; c'est une confection, un jullep, un syrop.

SILVIO, *à Clarice*

Est-il possible, ma chere Clarice, que vous ne vous laissiez pas toucher ! je sçais que je suis coupable ; mais ne me punissez pas aussi cruellement ; parlez-moi,

L ij

244 LE VALET DE DEUX MAÎTRES,
votre silence est affreux. [*Il se jette à ses pieds.*] Je tombe à vos genoux, ayez pitié d'un malheureux Amant.

CLARICE, *soupirant & regardant Silvio.*

Cruel !

PANTALON, *au Docteur.*

Avez-vous entendu ce soupir ? c'est bon signe.

LE DOCTEUR, *bas à Silvio.*

Allons, courage.

SMERALDINE, *à part.*

Les soupirs sont comme les éclairs, ils annoncent la pluie.

SILVIO.

Voulez-vous mon sang ? voulez-vous ma vie ? je vous la donnerai de bon cœur ; mais quoi, pourriez-vous être insensible aux larmes qui coulent de mes yeux !

[*Il pleure.*]

PANTALON, *à part.*

Fort bien.

CLARICE, *tendrement.*

Cruel !

COMEDIE. 245

LE DOCTEUR, *bas à Pantalon.*

Ma foi, la voilà prise.

PANTALON, *relevant Silvio.*

Allons, Silvio, levez-vous, venez ici; (*à Clarice.*) Et vous aussi, ma fille; donnez-vous la main tous les deux, faites la paix, & que tout soit dit.

[*Il leur fait donner la main.*]

LE DOCTEUR.

A merveille, voilà qui est fini.

SMERALDINE.

Oui, oui.

SILVIO, *à Clarice, dont il tient la main.*

Daignez, ma chere Clarice, jetter les yeux sur moi.

CLARICE.

Ingrat !

SILVIO.

Ma chere Clarice !

CLARICE.

Inhumain !

SILVIO.

L'ame de ma vie !

L iij

CLARICE.

Barbare !

SILVIO.

Mon unique bien !

CLARICE, *soupirant*.

Ah !

PANTALON, *à part*.

Voilà que ça vient.

SILVIO.

Pardonnez votre Amant.

CLARICE, *le regardant & emportée par un mouvement de tendresse*.

Ah ! tout vous est pardonné.

PANTALON, *à part*.

Voilà qui est venu.

LE DOCTEUR, *à son fils*.

Je te félicite, mon cher Silvio.

SMERALDINE, *à Silvio*.

Monsieur, la Malade est disposée à prendre la médecine ; croyez-moi, donnez-la-lui promptement.

SCENE XIV.

BRIGHELLE, & *les précédens.*

BRIGHELLE.

Avec la permission de la Compagnie, puis-je entrer?

PANTALON.

Approchez, approchez, M. Brighelle; c'est donc vous qui m'en donnez ainsi à garder, & qui me faites accroire que des vessies sont des lanternes?

BRIGHELLE.

Eh! mon cher Monsieur Pantalon! qui est-ce qui ne s'y seroit pas trompé? Ils étoient deux freres qui se ressembloient comme deux gouttes d'eau; j'aurois parié ma tête que c'étoit lui sous cet habit.

PANTALON.

Hum!.. allons, n'importe, cela est passé, n'en parlons plus; que me voulez-vous?

BRIGHELLE.

Mademoiselle Béatrice est là, qui demande à vous voir.

PANTALON.

Elle est bien la Maîtresse, faites-la entrer.

BRIGHELLE.

Monsieur Pantalon, je vous prie d'excuser ce que j'ai fait ; mais je n'y voyois point de mal, en honnête homme. (*à part.*) En effet, quel mal y avoit-il de gagner dix louis ?

[*Il sort.*]

CLARICE.

Je suis bien charmée que Béatrice soit enfin heureuse à son tour.

SILVIO.

Elle vous intéresse beaucoup ?

CLARICE.

Oui, cela est vrai.

SILVIO.

Et moi?

CLARICE.

Ah ! traître !

COMEDIE. 249

PANTALON, *au Docteur.*

Entendez-vous ces paroles amoureuses?

LE DOCTEUR.

Mon fils n'est pas mal-adroit.

PANTALON.

Ma fille a bon cœur.

SMERALDINE.

Tous les deux sçavent fort bien faire leur rôle.

SCENE XV.

BÉATRICE, *& les précédens.*

BÉATRICE.

MEssieurs, j'ai peut-être un peu à rougir devant vous de mes foiblesses; mais j'espère que l'amour qui les a causées, me servira d'excuse. (*à Clarice & à Silvio.*) Je vous demande pardon, ma chere Clarice, & vous, Silvio, des maux que je vous ai fait éprouver...

L v

CLARICE, *l'interrompant.*

Ce n'est rien, ma bonne amie, embrassons-nous. (*Elle l'embrasse.*

SILVIO.

Hé ! [*témoignant du déplaisir de ce que Clarice embrasse Béatrice*]

CLARICE.

Comment, pas même une femme !

SILVIO, *à part.*

Ces habits me font encore trembler.

PANTALON, *en regardant Béatrice.*

Voilà une belle fille, & qui a bien du courage !

LE DOCTEUR.

Un peu trop, un peu trop.

BEATRICE.

L'amour fait faire bien des choses.

PANTALON.

Vous avez retrouvé votre Amant, à ce que l'on m'a dit.

BEATRICE.

Oui, & je suis au comble de mes vœux.

LE DOCTEUR, *à Béatrice.*

Votre aventure, Mademoiselle, va vous faire une belle réputation.

BEATRICE, *au Docteur.*

Monsieur, mes affaires ne vous regardent point.

SILVIO.

Mon pere, Mademoiselle a raison; laissons cela, parlons d'autre chose; je suis heureux à présent, je voudrois que tout le monde le fût avec moi. Y a-t-il quelque mariage encore à faire avec le nôtre ?

SMÉRALDINE.

Monsieur, si vous vouliez, il y auroit le mien.

SILVIO.

Avec qui ?

SMÉRALDINE.

Avec le premier qui se présentera.

SILVIO.

Allons, trouve quelqu'un, & je te marie.

CLARICE.

Vous ! Et comment ?

SILVIO.
Je me charge de sa dot.
CLARICE.
On n'a pas besoin de vous pour cela.
SMERALDINE, *à part.*
Elle a peur qu'on lui mange ; elle y a pris goût.

━━━━━━━━━━━━━━━━━

SCENE XVI.
TRUFFALDIN, *& les précédens.*

TRUFFALDIN.

JE suis le très-humble Valet de toute l'honorable compagnie.

BEATRICE.
Où est Florinde ?

TRUFFALDIN.
Il est là qui demande la permission d'entrer.

BÉATRICE.
Voulez-vous bien, Monsieur Pantalon, que je prenne la liberté de vous présenter Florinde ?

COMEDIE.

PANTALON.

C'est l'Amant retrouvé ?

BÉATRICE.

Oui, & que je regarde comme mon Epoux.

PANTALON.

Vous êtes la Maîtresse.

BÉATRICE, à Truffaldin.

Dis-lui qu'il peut entrer.

TRUFFALDIN, bas à Sméraldine.

Ma Reine, je vous baise les mains.

SMERALDINE, à Truffaldin.

Bon jour, petit More.

TRUFFALDIN.

Tout à l'heure nous parlerons de...

SMÉRALDINE.

De quoi ?

TRUFFALDIN.

De ce que vous sçavez. [Il lui montre par signe qu'il veut lui donner l'anneau.]

SMÉRALDINE.

Hé, mais oui.

TRUFFALDIN.

Je reviens à l'instant. (Il sort.)

SMÉRALDINE, *à Clarice.*

Mademoiselle, avec la permission de la Compagnie, je voudrois bien vous dire quelque chose.

CLARICE.

Que me veux-tu ?

SMÉRALDINE, *la tirant à l'écart.*

C'est que, Mademoiselle, je voudrois bien aussi me marier ; le Valet de Mademoiselle Béatrice me recherche en mariage, si vous vouliez bien en parler à sa Maîtresse pour qu'elle y consentît, ce parti seroit fort bon pour moi.

CLARICE

Oui, ma chere Sméraldine, volontiers ; dès que je pourrai parler en particulier à Béatrice, je le ferai.

PANTALON, *à Clarice.*

Que veut dire cet air de mystère ?

CLARICE.

Ce n'est rien, mon pere.

COMEDIE.
SILVIO.
Puis-je sçavoir ce que c'est ?
CLARICE.
Quelle curiosité ! & puis ils parlent de nous autres femmes !

SCENE XVII. ET DERNIERE.

FLORINDE, TRUFFALDIN, BÉATRICE, PANTALON, LE DOCTEUR, CLARICE, SILVIO, & SMÉRALDINE.

FLORINDE.

J'AI bien l'honneur de saluer toute la Compagnie. (*à Pantalon.*) Monsieur est, sans doute, le Maître de la maison ?

PANTALON.

Pour vous servir, Monsieur.

FLORINDE.

Permettez-moi d'avoir l'honneur de vous présenter mes très-humbles civilités ; Mademoiselle Béatrice qui me procure l'avantage de vous voir, m'a sans doute déja fait connoître à vous?

PANTALON.

Oui, Monsieur ; vous voulez bien que je vous félicite du bonheur dont vous jouissez à present ?

FLORINDE.

La belle Béatrice va devenir mon épouse, j'espere que vous voudrez bien vous trouver à notre mariage.

PANTALON.

Il me tarde, Monsieur, d'être témoin de votre félicité ; allons, donnez-vous la main tous les deux.

FLORINDE, *à Béatrice.*

Voilà ma main, ma chere Béatrice.

BÉATRICE.

Voilà la mienne, mon cher Florinde.

SMÉRALDINE, *à part.*

Ils ne se font pas prier.

PANTALON, *à Béatrice.*

Nous finirons nos comptes après votre mariage; accommodez-vous d'abord ensemble, & nous nous accommoderons après.

CLARICE.

Ma chere Béatrice, je suis enchantée de votre bonheur.

BÉATRICE.

Et moi, ma chere Clarice, du vôtre.

SILVIO, *à Florinde*.

Monsieur, me reconnoissez-vous ?

FLORINDE.

Oui, Monsieur, je vous remets très-bien; vous êtes celui qui vouloit se battre en duel.

SILVIO.

Et celui qui l'a fait malheureusement pour son honneur. (*en montrant Béatrice*) Voilà mon vainqueur, qui m'a désarmé.

BÉATRICE.

Vous pouvez dire, & qui vous a donné la vie.

SILVIO.

J'en conviens.

CLARICE.

En ma faveur cependant.

SILVIO.

Cela est vrai.

PANTALON.

Allons, ne parlons plus de cela, ne songeons qu'à nous réjouir ; voilà qui est fini, tout le monde est content.

TRUFFALDIN.

Non pas, non pas, Monsieur, le meilleur n'est pas encore fait.

PANTALON.

Qu'est-ce que c'est ?

TRUFFALDIN, *à Florinde*.

Avec votre permission, Monsieur, je voudrois bien vous dire un mot.

FLORINDE.

Que me veux-tu ?

TRUFFALDIN, *bas à Florinde*.

Vous ressouvenez-vous, Monsieur, de ce que vous m'avez promis ?

FLORINDE.

Qu'est-ce que c'est ? Non, je ne m'en souviens point.

TRUFFALDIN.

De demander pour moi Sméraldine en mariage.

FLORINDE.

Ah ! oui, je m'en souviens, je vais en parler dans l'instant.

TRUFFALDIN, *à part.*

Il faut bien aussi que moi, pauvre diable, j'aie ma part de la fête.

FLORINDE.

Monsieur Pantalon, quoiqu'il n'y ait que très-peu de tems que j'aie l'honneur de vous connoître, je prendrai la liberté de vous demander une grace.

PANTALON.

Vous pouvez, Monsieur, commander, si je puis vous être bon à quelque chose.

FLORINDE.

Mon Valet est amoureux de votre

Servante, & voudroit se marier avec elle ; voulez-vous la lui accorder ?

SMERALDINE, *à part.*

En voilà bien d'un autre ! Qui est-ce qui me demande encore en mariage ? Au moins, si je le connoissois.

PANTALON.

Je le veux bien, mais que dit Sméraldine à cela ?

SMÉRALDINE.

Si je croyois que ce fût un bon parti...

PANTALON.

Est-ce un bon sujet que ce Valet ?

FLORINDE.

Oui, à ce qu'il me paroît au moins ; Depuis le peu de tems qu'il est avec moi, je n'ai qu'à me louer de sa fidélité.

CLARICE.

Monsieur Florinde m'a prévenue, je voulois dire quelque chose de semblable à mon pere ; j'avois à lui proposer le Valet de Mademoiselle Béatrice, qui veut épouser Sméraldine, mais puisque

M. Florinde a parlé le premier, je n'ai plus rien à dire.

FLORINDE.

Je ne souffrirai point, Mademoiselle, que les choses soient ainsi. Je vous prie, Monsieur Pantalon, de ne pas prendre garde à ce que je vous ai dit, & de ne faire que ce que la belle Clarice avoit à vous proposer.

CLARICE.

Monsieur, je serois très-fâchée que mon pere me donnât la préférence : vous avez parlé le premier, il est juste que vous l'ayez.

FLORINDE.

Vous êtes trop obligeante & trop polie, Mademoiselle ; M. Pantalon, je vous prie de regarder ma demande pour mon valet, comme nulle ; je ne vous en parlerai plus, & même je ne veux point absolument qu'il épouse cette fille.

CLARICE.

Si votre valet n'épouse point Sméraldine, il est juste que celui de Béatrice ne l'épouse pas non plus, la chose doit être au moins égale des deux côtés.

TRUFFALDIN, *à part.*

Fort bien, avec tous leurs complimens je n'aurai point de femme.

SMERALDINE, *à part.*

J'admire leur politesse; des deux, vous verrez que je n'en aurai pas un.

PANTALON.

Allons, allons, finissons; la pauvre fille meurt d'envie de se marier, donnons-lui l'un ou l'autre.

FLORINDE.

Oh! pour le mien, il ne l'épousera pas; je ne ferai jamais une pareille impolitesse à Clarice.

CLARICE.

Je ne souffrirai point non plus que celui pour qui je voulois parler l'épouse.

TRUFFALDIN.

Je vois bien, Messieurs, qu'il faut que je finisse cette Comédie, si je ne veux pas en être la dupe. M. Florinde, n'avez-vous pas demandé Sméraldine pour votre valet ?

FLORINDE.

Oui, ne l'as-tu pas entendu toi-même ?

TRUFFALDIN.

Et Mademoiselle Clarice, ne vouloit-elle pas demander Sméraldine pour le Valet de Mademoiselle Béatrice ?

CLARICE.

Oui.

TRUFFALDIN.

Eh bien, puisqu'il est ainsi, (*à Sméraldine.*) donne-moi la main.

PANTALON.

Pourquoi donc voulez-vous qu'elle vous donne la main ?

TRUFFALDIN.

Pourquoi ? parce que je suis le Valet de Mademoiselle Béatrice & de Monsieur Florinde.

FLORINDE.

Comment !

BEATRICE.

Que dis-tu ?

TRUFFALDIN.

Doucement, calmez-vous, & écoutez-moi tous deux : qui est-ce qui vous a prié, M. Florinde, de demander Sméraldine à M. Pantalon ?

FLORINDE.

C'est toi.

TRUFFALDIN.

Et Mademoiselle Clarice, qui vouloit-elle faire épouser à Sméraldine ?

CLARICE.

C'est toi ?

TRUFFALDIN.

Ergo, Sméraldine est à moi.

FLORINDE.

Béatrice, où est donc votre Valet ?

BEATRICE.

Le voilà ; n'est-ce pas Truffaldin ?

FLORINDE.

Truffaldin ! Eh, mais c'est le mien.

BEATRICE,

BEATRICE.

Le vôtre, n'est-ce point Pasqual?

FLORINDE.

Pasqual! c'est le nom du vôtre.

BEATRICE, à Truffaldin.

Qu'est-ce que cela veut dire?

[*Truffaldin, avec des lazzis muets, demande excuse à tous les deux.*]

FLORINDE.

Ah maraud!

BEATRICE.

Ah pendard!

FLORINDE.

Tu as servi deux Maîtres à la fois!

TRUFFALDIN, à toute la compagnie.

Oui, Messieurs, c'est moi qui ai fait ce grand & sublime effort: (*à Béatrice & à Florinde.*) Le hazard m'a mis au service de vous deux: j'ai hésité d'abord si je tiendrois bon, mais un noble orgueil m'a poussé à m'illustrer parmi les Valets; cela m'a réussi; je me suis tiré de mon double emploi en homme de tête, & j'ai eu la gloire de vous avoir servi tous les deux à la fois, sans que vous vous en soyez apperçu ni l'un ni l'autre : il est vrai que cela a peu duré, mais l'amour qui cause les foiblesses des Héros a seul pu me découvrir; & sans la tendresse que j'ai pour cette belle Suivante, (*en montrant Sméraldine.*) je serois encore le plus grand des Valets. J'ai fait cependant quelques sottises, quelques balourdises; mais j'espere, Messieurs, que vous voudrez bien me les pardonner, en faveur d'un trait aussi beau & aussi hardi, & d'un Inpromptu que je vais vous faire, car je suis Poëte aussi.

Servir ainsi deux Maîtres à la fois
Est un fait étonnant qu'on aura peine à croire;
Mon nom va couronner l'Histoire
Des Valets fins, rusés, adroits.
J'ai paru par-tout avec gloire;
On m'a vu me tirer des plus grands embarras;
Ma tête, mes pieds & mes bras
M'ont valu par-tout la victoire.

COMEDIE.

Mais je ne suis plus à présent
Le Héros des Valets à jamais mémorable ;
Je suis, ô Compagnie aimable !
Le très-humble Valet de tout ce qui m'entend.

FIN.

ERRATA.

Page 7, ligne 15, Si je le connois ! lisez, *Si je le connoissois !*

Page 23, ligne 11, vous vous dites ; lisez, *vous nous dites.*

Page 39, ligne 15, & par la fidélité ; lisez, *& pour la fidélité.*

Page 43, ligne 3, (à Florinde) lisez ces mots au-dessus de mon Gentilhomme.

Page 44, ligne 14, qui paissoient ; lisez, *qui passoient.*

Page 45, ligne 5, (Il tend la main) lisez ces mots au-dessus de payez-moi.

Page 47, ligne 15, (à part) lisez ces mots au-dessus de mon Maître n'est pas ici.

Page 85, ligne 11, faire dépêcher ; lisez, *fais dépêcher.*

Page 104, ligne 3, la maison de la cour de Pantalon ; lisez, *la cour de la maison.*

Page 134, ligne 7, la vôtre ; lisez, *pour vous.*

Page 201, ligne 20, BRIGHELLE ; lisez, BÉATRICE.

Page 202, ligne 18, PANTALON ; lisez, BÉATRICE.

Page 234, ligne 16, ressenties ; lisez, *ressenti.*

CATALOGUE

Des Livres imprimés, ou qui se trouvent en nombre chez DESSAIN Junior.

HIstoire de la Ville d'Amiens, depuis son origine jusqu'à present, 2 vol. in-4°. fig. 1757.   15 liv.

Institution d'un Prince, par M. Duguet, 4 vol. in-12.   10 l.

Œuvres de Destouches, 4 vol. in-4°. 40 l.
L'Amour dévoilé, ou système de la sympathie, in-12. 1 l. 10 s.
Maniere d'instruire les Pauvres, par M. Lambert, in-12. 2 l.
Preuves de la Religion, par Beausée, in-12. 2 l.
Histoire abregée des plus fameux Peintres, Sculpteurs & Architectes Espagnols, in-12. 2 l. 10 s.
La Mort d'Adam, Tragédie, traduite de l'Allemand, 1 l. 10 s.
Le Joueur, Tragédie Bourgeoise, trad. de l'Anglois, in-12. 1 l. 10 s.
Vie de Philippe Strozzi, traduite du Toscan, in-12. 2 l. 10 s.
Odes Anacréontiques de M. de Sauvigny, in-12. 1 l. 10 s.
Régime de vivre de Pythagore, traduit de l'Italien, in 8°. 2 l. 10 s.
Recherches sur la maniere d'agir de la Saignée, par M. David, in-12. 1762. 2 l. 10 s.
Lettres Secrettes de Christine, Reine de Suede, in-8°. br. 1 l. 16 s.
Lettres sur l'Enthousiasme, in-12. br. 1 l. 10 s.
Principes de certitude, ou Essai sur la Logique, in-8°. 2 l.
Abregé du Dictionnaire de Trevoux, 3 vol. in-4°. 36 l.
Coutume du Bailliage de Vitry, par M. Durand, in-fol. 15 l.
Examen des effets que doivent produire dans le Commerce de France l'usage & la fabrication des Toiles peintes, in-8°. br. 1 l. 10 s.

www.ingramcontent.com/pod-product-compliance
Lightning Source LLC
Chambersburg PA
CBHW050333170426
43200CB00009BA/1577